Hablar como un CEO

PROFIT
editorial

Profit Editorial, sello editorial de referencia en libros de empresa y management. Con más de 400 títulos en catálogo, ofrece respuestas y soluciones en las temáticas:

- Management, liderazgo y emprendeduría.
- Contabilidad, control y finanzas.
- Bolsa y mercados.
- Recursos humanos, formación y coaching.
- Marketing y ventas.
- Comunicación, relaciones públicas y habilidades directivas.
- Producción y operaciones.

E-books:
Todos los títulos disponibles en formato digital están en todas las plataformas del mundo de distribución de e-books.

Manténgase informado:
Únase al grupo de personas interesadas en recibir, de forma totalmente gratuita, información periódica, newsletters de nuestras publicaciones y novedades a través del QR:

Dónde seguirnos:

 | @profiteditorial

 | Profit Editorial

Ejemplares de evaluación:
Nuestros títulos están disponibles para su evaluación por parte de docentes. Aceptamos solicitudes de evaluación de cualquier docente, siempre que esté registrado en nuestra base de datos como tal y con actividad docente regular. Usted puede registrarse como docente a través del QR:

Nuestro servicio de atención al cliente:
Teléfono: **+34 934 109 793**
E-mail: **info@profiteditorial.com**

Suzanne Bates

Hablar como un CEO

Secretos de los grandes comunicadores para el éxito en presentaciones, discursos, entrevistas, …

Todas las publicaciones de Profit están disponibles para realizar ediciones personalizadas por parte de empresas e instituciones en condiciones especiales.
Para más información, por favor, contactar con: info@profiteditorial.com

La edición original de esta obra ha sido publicada por primera vez en lengua inglesa en el año 2005, por McGraw Hill, bajo el título *Speak like a CEO. Secrets for commanding attention and getting results*, de Suzanne Bates.

Primera edición: Noviembre, 2018
Segunda edición: Mayo, 2025

Diseño cubierta: XicArt
Maquetación: Víctor Marimón

ISBN: 978-84-19212-63-4
Depósito legal: B. B 7295-2025
Impreso por Gráficas Rey

Impreso en España – *Printed in Spain*

MIXTO
Papel | Apoyando la
silvicultura responsable
FSC® C131084

Índice

Segunda parte
Los escenarios.
Guía de supervivencia para situaciones
en las que debes hablar y hacerlo bien 127

Tercera parte
Las estrategias.
Conviértete en un gran orador a partir de un plan
con el que trabajar 233

Prólogo

Ser el director de una compañía es un gran logro, aunque no es tarea fácil. Hoy en día, la gente tiene las mayores expectativas de sus líderes. Tanto si eres director ejecutivo como presidente, socio directivo, propietario, editor, rey o comandante en jefe, la gente espera más de ti. Trabajas duro y aprovechas toda la suerte que puedas tener para alcanzar la cima. Y trabajas aún más duro para conservar el puesto.

Si aspiras al puesto más alto, no solo debes conocer tu trabajo, sino también la manera de comunicarte con los demás, tanto dentro como fuera de la empresa. Cuanto más arriba estés y cuanto más visible seas, más imprescindible te resultará el saber comunicarte. Estás en plena competición en un mundo globalizado donde la comunicación es *inmediata*. No hay compasión para un líder que no sepa estar a la altura.

La mía es una empresa dedicada a mejorar las actuaciones de los ejecutivos mediante la comunicación. Es lo que yo llamo «afinar la voz de un líder». Este libro enseña técnicas y habilidades que han ayudado a otros ejecutivos a conseguir precisamente esto.

Una vez alcanzado el puesto más elevado en el trabajo, se espera de ti que sepas cómo se hacen las cosas. A menudo, nuestros clientes se quedan sorprendidos: sus antiguos puestos no les habían preparado para asumir el papel de orador. A medida que asciendes, no siempre tienes la oportunidad de adquirir lo que deberías para cuando llegas a jefe. Así que, tras lograr un ascenso gracias a tus capacidades empresariales, ahora debes desarrollar un nuevo abanico de competencias.

¿Por qué deberías saber hablar bien si eres jefe o aspiras a serlo? La respuesta es simple: las personas que llegan a lo más alto no son siempre las más inteligentes, sino aquellas que saben comunicar sus ideas eficazmente. Si no aprendes a hablar como un líder, corres el riesgo de que otro se haga con el trabajo de tus sueños. Este libro te ayudará a elaborar un plan personal para dominar esas habilidades tan necesarias.

Tanto si eres jefe como si quieres llegar a serlo, este libro te enseña a atar cabos sueltos. Conocerás los principios de la comunicación de un líder, y aprenderás todo aquello que no te enseñaron en la facultad ni en tu trabajo.

Por qué he escrito este libro

Cuando empecé a formar a ejecutivos tras veinte años como presentadora de noticias, una de las cosas que más me llamó la atención fue la poca formación que tenían los líderes a la hora de hablar en público. Algunos de ellos no habían recibido formación al respecto ni habían acudido a un profesional; otros solo habían asistido a un cursillo de un par de días. Aun así, se les exigía que supiesen hablar ante grandes audiencias, exponer sus ideas principales, intervenir en importantes conferencias de negocios, dirigir reuniones, hablar ante las cámaras de televisión y saber manejarse en situaciones de gran presión. Entonces me di cuenta de que era necesario un libro que aportase un enfoque metódico en el campo de la comunicación y de la proyección del auténtico liderazgo.

En este libro descubrirás algunos de los secretos que yo misma descubrí durante mis años como presentadora y, más delante, como formadora de ejecutivos. El objetivo es compartir ideas que te permitan desarrollarte como líder creíble y respetable. Estas ideas y programas te ayudarán a acortar la curva de aprendizaje y a evitar el engorro de intentarlo y equivocarte. Si incorporas estas ideas y trabajas los programas, pasarás de ser un orador o presentador mediocre a uno de los buenos.

A quién va dirigido este libro

Aunque ya tengas experiencia en el terreno de las presentaciones, dirigiendo mítines, hablando ante las cámaras, o participando en comités, conferencias y seminarios, aquí hallarás información de gran valor para hacerte un sitio en los principales sectores empresariales. Ni siquiera los profesionales —presentadores de televisión, de radio, de noticias, y todos aquellos cuyo trabajo requiere saber hablar—, dejan nunca de aprender nuevas habilidades comunicativas. Los principales dirigentes deben dedicar tiempo, año tras año, en la mejora de sus habilidades comunicativas si quieren tener algún tipo de influencia como líderes de empresa.

Qué vas a aprender aquí

Los consejos que incluyo en este libro van más allá de los que puedas encontrar en un manual genérico sobre comunicación. Este no es un libro corriente sobre cómo hacer presentaciones, sino que se centra en aquellas habilidades comunicativas que un líder debe tener para alcanzar el éxito. Al finalizar el libro, serás capaz de elaborar tu propio plan de perfeccionamiento para obtener resultados positivos en tu formación como orador carismático y creíble tanto ante las cámaras como ante grandes audiencias.

Mediante los ejercicios y las autoevaluaciones, aprenderás a reconocer y desarrollar tu propio estilo. Encontrarás consejos prácticos sobre cómo mejorar tus discursos, presentaciones y entrevistas en medios de comunicación tanto en contenido como en estilo. Los consejos y técnicas te ayudarán a formar un estilo propio, auténtico y natural a la par que los consejos de último minuto te ayudarán a superar tus miedos escénicos. Asimismo, encontrarás consejos sobre cómo condensar información para entrevistas en televisión, radio o prensa escrita. Descubrirás cómo responder a las tenaces preguntas de un grupo de periodistas, maneras de romper el hielo ante una audiencia, mantener su atención, y muchísimo más.

Más allá de las mecánicas comunicativas y de actuación como líder, aprenderás a ganarte el respeto de los demás y a favorecer su disposición a escuchar tus ideas, entender tu punto de vista y aplicar tus estrategias. Cada capítulo aporta numerosos ejemplos de líderes que saben cómo hablar y sus respectivas explicaciones sobre sus métodos para que puedas adoptarlos en tu estilo comunicativo personal.

Cómo sacar el máximo provecho de este libro: tú decides el plan que mejor se adapte a ti

El libro incluye consejos prácticos, aporta inspiración y modelos de planes de acción para que puedas desarrollar tu propio estilo comunicativo. Puedes consultar el libro de distintas formas dependiendo de tus necesidades:

— Una lectura rápida te permitirá adquirir una visión general sobre las habilidades comunicativas propias de un director ejecutivo o un líder nato.
— Puedes trabajar uno de los aspectos comunicativos en particular durante el tiempo que necesites, en especial si el tema en cuestión es nuevo para ti. Por ejemplo, puede que te sientas seguro para dar conferencias, pero no para hablar ante las cámaras. Así pues, ve directamente al tema del libro que estimes prioritario.
— Después de leer el libro, puedes consultar los consejos del final de cada capítulo de la Segunda Parte para preparar tus discursos, presentaciones, reuniones y entrevistas. En la sección de «Sumario» encontrarás los apartados «Consejo de último minuto», «Si dispones de más tiempo» y «Plan de mejora continua».
— Por último, puedes usar este libro como guía de formación completa: léelo con atención y trabaja las estrategias y planes recomendados en la Tercera Parte para elaborar tu propio plan de formación. En caso de que prefieras acudir a un profesional, en la Tercera Parte te damos consejos al respecto para garantizarte un servicio de calidad.

Son muchos los que creen que hablar bien es una capacidad «accesoria» o «menor» cuya importancia no es de gran utilidad para alcanzar tus objetivos. Sin embargo, en la hoja de balance de los negocios, no saber hablar es un lastre. Y nadie que sepa en qué consiste el liderazgo pasaría por alto ninguna clase de lastre. Quienes se toman seriamente el liderazgo toman nota de ello y trabajan para remediar las flaquezas de dicha hoja de balance.

Según mi experiencia, los líderes no tan solo se interesan por saber hablar, sino que además lo necesitan. Pese a que pueden encontrarse numerosos libros y cursos sobre cómo hablar en público, la mayoría de ellos tienden a centrase solo en las presentaciones y sus fundamentos. No hay nada de malo en ellos; si quieres leerlos, ¡adelante! Pero si lo que buscas es algo más que simples fundamentos, sigue leyendo este libro. Si aplicas lo que vas a aprender aquí, aquello que anhelas será no solo posible, sino altamente probable: llegarás a ser un buen orador.

Agradecimientos

Este libro ha sido posible gracias a muchos amigos y compañeros. Estoy profundamente agradecida por los consejos, ánimos y apoyo de Jenna Furdon, Ken Lizotte, Karen Hansen, Donya Dickerson, Lara Murphy, Mary Glenn, Tara Frier, Margrette Mondillo, Annie Stevens, Chris Storr, Mary Lou Andre, Marcia Abbott, Paula Lyons, Ann Conway, Jim Norman, Janet Patterson, Eleanor Uddo, Vickie Sullivan, Marcia Reynolds, Karen Friedman, Cheryl Richardson, Aleta Koman, Ginger Applegarth, Ginny Rehberg, Kasey Kaufman, Frank Ciota, Lisa Zankman, Margery Myers, Bob Lobel, Vicki Donlan, Kathy Venne, Gayle Sierens, a mi padre y a mi madre.

Varios directores ejecutivos y líderes han dedicado su tiempo y han aportado sus conocimientos con generosidad. Mis más sinceras gracias a Charlie Baker, presidente y director ejecutivo de la Harvard Pilgrim Health Care; Judy George, fundadora y directora ejecutiva de Domain Home Furnishings; Tom Goemaat, presidente y director ejecutivo de Shawmut Design and Construction; John Hamill, presidente y director ejecutivo del Sovereign Bank of New England; Paul Levy, director ejecutivo de Beth Israel Deaconess Medical Center (Harvard); Larry Lucchino, director ejecutivo del Boston Red Sox; Phil Lussier, presidente del Departamento Institucional de Citistreet; Chris Moore, director ejecutivo de Live Planet; Lori Morrissette, vicepresidenta de Recursos Humanos de Citistreet; Ann Murphy, vicepresidenta de O'Neill Associates; Tom O'Neill, presidente y director ejecutivo de O'Neill Associates; Peter Rollins, del Boston College Chief Executives Club; Dan Wolf, fundador, presidente y director ejecutivo de Cape Air y Nantucket Airlines, y Arnold Zetcher, presidente y director ejecutivo de Talbots.

Introducción

Si alguna vez has tenido un buen jefe, seguramente es porque este sabía cómo hablar. Los líderes que saben comunicarse poseen una gran ventaja respecto a aquellos que acceden al puesto con tan solo experiencia y destreza técnica. Tanto la experiencia como la habilidad técnica se dan por sentado en quienes alcanzan el puesto más alto. Pero los líderes que saben comunicarse logran el éxito porque, además, saben *expresar* sus opiniones, *compartir* sus conocimientos y *motivar* a los demás.

Cada líder posee un modo personal de comunicación; no existe un molde único para convertirte en un líder locuaz, como tampoco existe un modelo único que seguir. Los líderes de mayor éxito se forjan un estilo único y auténtico con las mejores técnicas, y se dotan de gran eficacia.

No se llega a ser líder copiando, imitando o adoptando el estilo de otro, sino cuando uno se hace a sí mismo. La gente percibe a un líder genuino tan solo cuando *es* genuino e inspira auténtica confianza. La confianza crea la predisposición. La predisposición crea grandes empresas.

Un estilo único y auténtico es fundamental para convertirte en un buen líder, pues debes saber expresarte de una manera única. En efecto, debes conocer las normas de circulación para conducir un coche, de lo contrario no llegarás adonde de propones. Pero además de conocer las normas, tienes que conducir tu propio coche, a tu manera. Tienes que forjar tu propia y auténtica voz como líder. *Hablar como un CEO* te ayudará a conocer las normas de circulación, las claves para comunicarte acertadamente, y así hallar tu auténtica voz. Descubrirás cómo ser tú mismo y a la vez cómo ser un líder.

En este libro no se te dice quién debes ser, debes descubrirlo por ti mismo. Tienes que aprender las normas de circulación y *encontrar* tu propia y auténtica voz de líder si quieres llegar a hablar como un director ejecutivo.

Encontrar tu voz única encierra un enorme poder: te ayuda a trascender tu título y a lograr un puesto de verdadero liderazgo. Tu auténtica voz es el motivo por el que serás contratado para tu puesto de trabajo y también el motivo por el que harás que la gente te escuche, lo que te conducirá al éxito. Tú, y solamente tú, has accedido a esta empresa en este momento por tus formas de proceder; te lo debes solo a ti mismo, y a tu empresa le debes el haberte concedido escuchar tu auténtica voz.

Es mucho más fácil ser tú mismo que fingir ser alguien que no eres. Mucha gente se viste con un traje elegante y cree que esto es suficiente. No hay problema alguno en vestir un traje elegante, sin embargo, un líder mediocre bien vestido sigue siendo un líder mediocre, y no alguien que inspire confianza. Tienes que sacar tu auténtico yo y hacer que lidere para así alcanzar el éxito para tu empresa.

Si eres líder o bien quieres llegar a serlo, debes tener un estilo único: te lo debes tanto a ti como a tu empresa; no puedes permitirte la mediocridad, ser alguien corriente. Un orador mediocre o corriente corre el riesgo de ser arrinconado o tachado como prescindible. Un líder arrinconado y prescindible es perjudicial para una empresa. Tienes que saber hablar, a tu manera, para ganarte la confianza de la gente. La gente tiene que creer en ti si quieres que te siga.

Este es un libro sobre comunicación distinto al resto: es un libro dirigido a directores ejecutivos y a todo aquel que tenga por objetivo llegar a serlo con su voz más auténtica. Vas a aprender mucho más que los fundamentos de las presentaciones, entrevistas para medios de comunicación o reuniones de directivas: aprenderás cuál es el camino que debes seguir para hallar tu auténtica voz de líder. Tanto si eres director ejecutivo como si quieres llegar a serlo algún día, ahora —hoy mismo— tienes la oportunidad de desarrollar y hacer crecer una de tus mayores cualidades: tu auténtica voz de líder.

Primera parte

Las claves

Lo que los altos ejecutivos y los líderes saben

1

Qué significa hablar como un alto ejecutivo (aquellos a quienes verdaderamente admiras)

*«Cada vez que tienes que dar un discurso,
estás ante un casting de liderazgo».*

JAMES HUMES, abogado, orador
y escritor estadounidense

El papel de un director ejecutivo

El director ejecutivo (CEO) es la máxima autoridad en los quehaceres diarios de una empresa, siendo esta la persona que tiene a menudo la última palabra en tanto que ejecutivo dentro de dicha empresa o corporación. El director ejecutivo forma parte de la junta directiva y es generalmente quien le transmite la información. Este puede ser también el presidente de la misma en pequeñas empresas, aunque en las grandes corporaciones una misma persona no ostenta ambos cargos, pues sería un trabajo demasiado arduo.

El director ejecutivo es el responsable de todos los empleados, de todos los miembros de la junta y de todos los clientes o consumidores, así como de la comunidad y a veces del sector. ¿Cómo puede un director ejecutivo haber llegado donde está si carece de habilidades comunicativas? Simplemente, es imposible.

El título del presente capítulo incluye la especificación «aquellos a quienes verdaderamente admiras» entre paréntesis porque no todos los directores ejecutivos saben hablar bien. Algunos tienen grandes carencias, y otros apenas si saben expresarse, y todo esto acarrea consecuencias: los que no saben hablar son arrinconados, y los que rara vez expresan sus ideas causan desconcierto cuando *sí* lo hacen. El mundo de los negocios no es más que comunicación. Un alto ejecutivo describe así el porqué de la ineficacia de aquellos que no tienen por costumbre expresar sus ideas: «Es igual que la sangre de las arterias: si nunca transmites tus ideas y de súbito por fin lo haces, todo cuanto puedas decir quedará abrumado bajo el mero hecho de que finalmente lo has hecho».

Dirigir es saber comunicarse. Por lo general, el cometido de un dirigente no es *hacer*, sino *comunicar* lo que hay que hacer. La gente debe escuchar, captar, sentir y creer en lo que dices, deben escucharte, captarte y creer en ti. Tú eres el mensaje, y a su vez el mensaje eres tú.

Cuando se interroga a la gente sobre cuál es la capacidad más importante que debería tener un líder, la comunicativa figura siempre en lo alto de la lista. Incluso cuando se preguntó a los directores ejecutivos (en una encuesta de la revista *Chief Executive* y la compañía Hill & Knowlton de 2002) sobre qué era lo más importante que debían hacer (aparte de aumentar el crecimiento financiero) para mejorar la reputación de la empresa, la respuesta más habitual fue «saber comunicarse con los clientes». La segunda fue «saber comunicarse con los empleados».

Echa un vistazo a la ajetreada agenda de un director ejecutivo en un día cualquiera y observarás lo importante que es la comunicación. Mike Eskew, presidente y director ejecutivo de la compañía UPS, dice que un típico día de negocios vendría a sucederse como se describe a continuación:

— hablar de manera informal con los conductores por la mañana;
— reunirse con varias personas de negocios en grupos de discusión y en el salón de actos de la localidad;
— asistir a actos conmemorativos;
— reunirse con clientes para hablar acerca de sus asuntos e intereses;
— reunirse con la prensa,
— y reunirse con accionistas, ya sean socios o líderes del sector.

En la ocupada agenda de Mike Eskew, director ejecutivo, no existe otra cosa que no sea hablar y escuchar desde que se levanta hasta que se acuesta. Este es el requisito, eso es lo que los directores ejecutivos saben hacer.

Por qué hay que saber hablar: el foco está siempre en ti

El director ejecutivo de una compañía con 400 empleados y con unos ingresos de 430 millones de dólares me confesó que «sería maravillosos poder hacerse invisible de vez en cuando». Muy a su pesar, no se puede rehuir del foco de atención. Cuando eres director ejecutivo, estás en el punto de mira las veinticuatro horas del día. Siempre hay alguien observándote.

«No se trata solo de hablar en público», me contó el mencionado director. «Debes estar pendiente de tu lenguaje corporal en todo momento. Si voy paseándome cabizbajo, nadie piensa que me ocurre algo *a mí*, sino que ocurre algo *con la empresa*». Y prosigue: «He aprendido a disimular. Esto no quiere decir que le estés mintiendo a la gente: se debe ser honesto, aunque hay que recordar que no se trata tan solo de ti».

Encuesta estatal: liderazgo y comunicación

Bates Communications se propuso entender mejor lo que implica ser un auténtico líder; así pues, en 2004 llevó a cabo un estudio sobre cómo se comunican los jefes. La encuesta se realizó *online* con 293 profesionales, y esta reveló que la gente se siente decepcionada. La mayoría de los encuestados manifestó que sus jefes no sabían comunicarse bien, pese a que ellos mismos afirmaron que la comunicación es un atributo imprescindible para un jefe.

Pedimos a los encuestados que valorasen a sus jefes según diez características de liderazgo distintas y que argumentasen sobre su estilo de comunicación. También les preguntamos sobre genuinidad y liderazgo. Les ofrecimos la oportunidad de responder tanto a las cuestiones tipo test como a las de respuesta abierta.

Los resultados mostraron cuán importante es la comunicación en el trabajo. Tan solo el 29 % de los encuestados que trabajaban en empresas de servicios profesionales, corporaciones y empresas privadas respondieron que contaban con suficientes líderes en su empresa. Aun así, más del 90 % dijo que la comunicación es una característica de liderazgo *crucial*. Entonces hay una brecha entre el tipo de líderes que tiene una empresa y lo que estas necesitan. Como conclusión que los jefes deberían tener en cuenta: hay que aprender a comunicarse con eficacia.

¿Cuán importante es para el jefe de tu empresa comunicarse de forma eficaz?

91,5 % Muy importante: es una característica fundamental para el liderazgo

7,8 % Bastante importante: contribuye a la prosperidad de todos

0,7 % No demasiado importante: hay otras características más primordiales

Mientras que la mayoría de los encuestados dijeron que respetaban a su jefe, también afirmaron que les gustaría que este pudiese comunicarse mejor. Más de un tercio dijo que les sorprendería, e incluso impactaría, ver a su jefe hablar ante toda la empresa e inspirar confianza a todos.

¿Te sorprendería que el jefe de tu empresa supiera hablar ante todos para transmitiros una nueva línea a seguir y que todo el mundo se sintiera motivado a ello?

65,5 % En absoluto: nuestro jefe sabe hablar como un auténtico líder

26,3 % Bastante: él raras veces posee la capacidad para expresarse como es debido e inspirar a los demás

8,2 % Muchísimo: nuestro jefe nunca ha sabido hacer tal cosa

La valoración fue incluso peor para los mánagers y ejecutivos que están camino del liderazgo.

¿Cuántas consideras que son las voces de liderazgo en tu empresa?

29,0 % Contamos con muchos líderes capacitados e inspiradores

49,8 % Hay algunas, aunque debería haber más

21,2 % No hay muchas voces de liderazgo por aquí

Los altos dirigentes recibieron las mejores valoraciones, aunque los resultados de todas las empresas y compañías mostraron una clara necesidad de contar con un mayor número de líderes.

Dado que la mayoría de la gente sabe más sobre su propio jefe que sobre los directores ejecutivos, pedimos a los encuestados que valorasen a sus superiores más directos en función de varias capacidades comunicativas. Estos obtuvieron peores resultados en capacidades comunicativas (saber escuchar, hablar y dirigir reuniones) que en lo referente a relaciones personales (humor, amabilidad) o como cara pública de la empresa (explicar objetivos y representar a la empresa). Todo ello significa que los jefes poseen la materia prima, pero que mejorarían su capacidad de liderazgo si aprendiesen técnicas de comunicación.

Los jefes obtuvieron los peores resultados en aquellas capacidades de liderazgo que podríamos considerar las más imprescindibles: solo un 40 % de los encuestados dijo que su jefe sabía cómo dirigir una reunión, el 41 % dijo que su jefe era bueno transmitiendo información crucial, y tan solo el 43 % dijo que su jefe sabía cómo animar y motivar a los demás. No son unos resultados muy alentadores en cuanto a confianza se refiere. En cualquier otra área de negocios, como por ejemplo la de atención al cliente, una valoración del 40 % implicaría tu despido.

El precio de una capacidad comunicativa deficiente

¿Qué sucede con aquellos jefes que no saben comunicarse debidamente? Pues que sus empleados pierden la confianza en ellos e intentan informarse por otra vía.

Solo alrededor de la mitad de los encuestados dicen entender a su jefe con tan solo escucharle. El resto se fija en su lenguaje corporal, en su tono de voz, o incluso opta por preguntárselo a un compañero de trabajo.

Por lo general, ¿cómo sabes lo que le sucede a tu jefe?

52,2 % Escuchando lo que dice
32,8 % Observando su cara, su lenguaje corporal y su tono de voz
15,0 % Preguntándoselo a un compañero

¿Qué es lo que te convierte en un verdadero líder? Sobre esto, la encuesta contenía dos preguntas de respuesta abierta. Bates Communications agrupó las respuestas de los encuestados en diez categorías clave en cuanto a liderazgo, y la característica principal que debería tener un buen líder resultó ser la honradez o integridad. Dado que se trataba de respuestas abiertas, tratamos la información como datos cualitativos, aunque cada una de las características de las que hablamos fueron mencionadas por docenas de participantes. La integridad fue, de un modo u otro, mencionada por más de la mitad de ellos.

A continuación, tienes la clasificación de valores mencionados por los 293 participantes de la encuesta en orden descendente:

Honradez o integridad: Los participantes que mencionaron la integridad hacían referencia tanto a los negocios como a la vida personal. Las palabras empleadas para designar dicho concepto fueron *honradez, integridad, ética, ecuanimidad, franqueza, sinceridad* y *confianza*, cualidades, todas ellas, que los jefes han de saber transmitir al hablar y actuar.

Tener propósitos: Los buenos líderes deben saber qué propósitos tienen para la empresa y ser capaces de explicarlos y, a su vez, motivar a los demás. Tener propósitos figuró muy alto en la lista de cualidades de liderazgo mencionadas por los encuestados. No basta con saber dirigir proyectos o al personal: un verdadero líder debe saber visualizar el futuro y explicarlo eficazmente al resto. Toma nota si aspiras a convertirte en un buen líder. Si careces de ello, puedes conformarte con un puesto intermedio de dirección, pero si conoces tu visión de conjunto y sabes transmitírsela a los demás, ascenderás a lo más alto.

Saber escuchar: Esta capacidad concentra distintos métodos que cualquier jefe debería tener para saber escuchar. Deberían ser personas accesibles y abiertas a sugerencias, amplias de miras, flexibles y con voluntad para escuchar las ideas y comentarios de los demás. Los encuestados manifestaron que buscar puntos de vista distintos y escuchar las opiniones ajenas es algo crucial.

Dar críticas o *feedback***:** Lo que mencionaron mayormente los encuestados en relación con este punto es la importancia de reconocer méritos si es preciso, incluyendo muestras públicas por el trabajo bien hecho. También figuró en un puesto muy elevado en la lista el dar críticas positivas en caso de que el empleado sea merecedor de estas, así como valorar positivamente su contribución. Hacer esto no es algo que se marque en un día concreto del calendario, hacerlo, y ya nos podemos olvidar del tema: la crítica constante y constructiva es fundamental para trabar relaciones, ganarte la confianza de la gente y que esta te vea como un auténtico líder.

Inteligencia emocional: La inteligencia emocional se puede entender como la capacidad de transmitir empatía y compasión, ser amable con la gente y relacionarte con ella en el plano humano. Tu conducta es importante: tener una actitud positiva y mantener la calma bajo situaciones de presión transmite valiosas señales a la empresa. Inteligencia emocional significa también pasión manifiesta por el trabajo, compromiso manifiesto para con el progreso de la empresa y aprecio por aquellos que lo hacen posible. Los verdaderos líderes emplean su inteligencia emocional para conectar y tener relaciones genuinamente profesionales con los demás.

Ser comunicativo: Por lo que aquí concierne, la claridad es un tema clave. La gente se fija en tu capacidad para transmitir ideas y para hacerlo de una forma clara y convincente en todos los niveles. Si el mensaje es confuso, el resto del equipo no sabrá cómo proceder acorde con la demanda de su jefe. La confusión merma el esfuerzo, y los resultados esperados se van a pique. Si careces de claridad, nadie te considerará un auténtico líder.

Conocimiento e inteligencia: Este punto fue mencionado en menos ocasiones, probablemente porque la gente presupone que un buen líder ya ha demostrado *de facto* sus capacidades intelectuales y su dominio en el terreno. Sin embargo, pocos de los encuestados manifestaron que un buen líder debe ser inteligente en todas las acepciones de la palabra, y que debe poseer un vasto conocimiento de su campo.

Aptitudes de gestión: Los encuestados mencionaron la capacidad de delegar y repartir recursos (tanto monetarios como físicos y de personal) para una mayor eficacia y eficiencia. También hablaron sobre la capacidad de empoderar a los empleados y confiarles la realización de tareas, en otras palabras, crear buena disposición en la empresa.

Ser un buen ejemplo: Los verdaderos líderes deben predicar con el ejemplo, pasar a la acción, y que los empleados quieran seguir dicho ejemplo. Los jefes son líderes ejemplares cuando explican sus objetivos claramente y no los dejan nunca colgando de un hilo. Deben implicarse a fondo en el transcurso de los negocios, no solo ponerlos en marcha.

Humildad: Nadie es perfecto, en especial los líderes. Se dice que los verdaderos líderes son humildes, que persiguen recabar información, que piden consejo, que admiten sus errores, que están dispuestos a correr riesgos. Ante un error, saben aceptar con entereza las consecuencias y encajarlas en nombre del equipo sin señalar a nadie con un dedo acusador.

Conclusiones de la encuesta

La encuesta refleja que los líderes han de ser capaces de mostrar distintas capacidades si quieren ser considerados unos verdaderos líderes y poder tomar el mando. El cargo o el puesto son mucho menos importantes que proyectar todos estos atributos al hablar y al actuar. Lo que desea la gente es un líder con integridad, con propósitos y conocimientos, un líder que sea auténtico, genuino, leal consigo mismo y para con la empresa. En el Apéndice D encontrarás un resumen de la encuesta.

Cómo definir a un auténtico líder

¿Qué es lo que hace auténtico a un líder? La autenticidad es algo verdadero. Aplicado a una persona, esta es alguien que *es* tal y como *aparenta* ser, lo cual requiere un cierto grado de franqueza: hay que estar dispuesto a mostrar una parte de ti mismo. Una cierta vicedirectora admira al director general porque este está dispuesto a abrirse a la gente. Según esta, es algo muy simple de entender: «Su forma de abrirse hace que la gente confíe en él».

Desarrolla una voz propia

La vicepresidenta de un gran banco recibía constantes demandas de hablar en público, pero ella las rehusaba porque decía estar demasiado ocupada. Odiaba redactar discursos, le molestaba el tiempo que esto requería, y además sentía que no sabía hacerlo bien. Se sentía igual que si estuviera recitando frases de un panfleto publicitario. Nunca sentía realmente que las palabras fuesen las suyas. En una ocasión, fue invitada a hablar en una conferencia internacional —una oportunidad irrepetible—, pero ella sabía que con un discurso mediocre con los típicos mensajes de «marketing» no se iba a ganar a la audiencia.

Entonces contrató los servicios de nuestra agencia, y nosotros la ayudamos a sacar su auténtica voz ante la sala. Mientras conversábamos, me contó historias de personas que la habían inspirado a llegar hasta donde estaba; también me contó una historia tras otra de mujeres emprendedoras de éxito que habían recibido el apoyo de su banco, habían salvado los obstáculos y habían alcanzado el éxito en los negocios. Juntas, convertimos estas reflexiones en poderosos mensajes para su audiencia, y el resultado no fue tan solo un buen discurso, sino una experiencia de por vida. En poco tiempo, empezó a recibir invitaciones para que pronunciase discursos en prestigiosos eventos y, de pronto, se descubrió en una posición altamente visible en su empresa. Había emergido su auténtica voz, y ya no había vuelta atrás. Aumentó la visibilidad de su departamento, conoció a gente del mundo entero, y amó su trabajo hasta el día en que decidió dejarlo para poner en marcha su propia consultoría. Pudo tomar esta decisión gracias a la popularidad y el prestigio que le habían proporcionado sus discursos ante el público.

Saber hablar te abre puertas. Saber hablar te da opciones. Te brinda oportunidades. Te lleva hasta donde quieras llegar. Mediante las técnicas de resultados probados que te proporcionamos en este libro, aprenderás a usar tus capacidades comunicativas para alcanzar, también, tus sueños.

El mito del orador nato

A Mario Cuomo, exgobernador de Nueva York y quien habla con una voz única y auténtica, le daba pavor hablar cuando era pequeño. De niño, vivía en un apartamento con una tienda de alimentación debajo, y en su casa hablaban únicamente en italiano. En el instituto, nunca dio ningún discurso, y se refugiaba en los libros. En la universidad, le pusieron un «no presentado» por no acudir al examen de una asignatura sobre exposición oral. Al firmar un contrato con los Pittsburgh Pirates a la edad de veintiún años, en el informe se decía que «es una persona a la que cuesta mucho llegar a conocer». El primer discurso que Cuomo dio en su vida fue en el Tribunal de Apelación del estado de Nueva York: estudió el discurso tan bien como humanamente pudo y escribió y rescribió sus ideas para estar preparado. Fue todo un éxito.

Mucha gente presupone que los grandes oradores improvisan, pero no es así. En palabras de Cuomo: «No se puede comparar un discurso improvisado con uno previamente preparado». Los buenos oradores parece que sepan levantarse y soltar un discurso, pues son tan buenos como para aparentarlo: apenas usan apuntes y hablan con fluidez.

Sin embargo, los oradores natos no existen. Es solo un mito. El secreto está en aprender estas aptitudes, del mismo modo que se aprende a atarse los zapatos o a resolver un problema de álgebra. No puedes echarle las culpas a tu herencia genética si no eres un buen orador. Pero si te lo propones, puedes llegar a hablar como un ejecutivo; es un talento que puedes aprender.

Qué se necesita para hablar bien

Tom O'Neill es presidente y director ejecutivo de O'Neill Associates, una empresa de relaciones públicas y cabildeo de treinta empleados. Excelente orador y narrador dotado, devino vicegobernador de Massachusetts antes de constituir su empresa en 1982. Se podría llegar a pensar que O'Neill heredó su habilidad comunicativa de su padre, Tip O'Neill, expresidente de la Cámara de Representantes. Sin embargo, O'Neill hijo me contó que de joven era un orador lento y pésimo, lo que demuestra que saber hablar en público no está en los genes.

En su primer año de carrera, la primera tarea de expresión oral de O'Neill consistió en una exposición de cinco minutos sobre un tema libre. O'Neill se presentó sin haberse preparado nada, imaginando que sabría apañárselas. Cuando apenas llevaba treinta segundos de exposición, su profesor le interrumpió y le mandó sentarse.

La semana siguiente, la segunda tarea consistía en recitar un poema de memoria, y de nuevo O'Neill pensó que sabría salir del paso. En el mismo momento que se levantó para recitarlo, el profesor le interrumpió otra vez: «Déjeme adivinar, Sr. O'Neill: Nos va a recitar *If*, de Rudyard Kipling». O'Neill se quedó pasmado. ¿Cómo pudo saberlo? «Siéntese, Sr. O'Neill», le dijo su profesor. Había adivinado que el poema que iba a recitar O'Neill era uno que había aprendido de niño.

O'Neill confesó que había aprendido una gran lección de esta experiencia. «Sabía que si algún día quería ser un buen orador, debía conocer la materia y no ser nunca alguien previsible», dijo. Cuomo aprendió la misma lección: nunca llegaría a ser un buen orador si no se ponía manos a la obra. Las capacidades comunicativas no están en tu sangre, sino en tu *preparación*.

Aplica tus habilidades

Te guste o no, la gente tiene la mirada puesta constantemente sobre ti, por lo que no estaría de más saber lo que piensan al respecto. Si nadie te ha dicho nunca cuan bueno o malo eres hablando, es hora de que lo averigües. Es mucho mejor conocer lo que debes mejorar que descubrir más adelante que tus defectos son un impedimento para ti. Si oralmente eres un «aprobado» o un «suficiente» en tu de departamento, ¿cómo vas a llegar a ser un «sobresaliente» como director ejecutivo?

Los buenos líderes no dicen nunca «hablar no es lo mío», simplemente lo ven como parte de su trabajo. Una vez los asumes, se vuelve más fácil. Lo aprendes y luego lo aplicas, y percibes resultados tangibles.

Me gustaría aclarar que este consejo no va solamente dirigido a directores ejecutivos, sino a todo aquel que quiera liderar o que ya esté a la cabeza de una empresa. Hablamos de presidentes, altos mandatarios, directores, socios gerentes, vicepresidentes y todos aquellos que aspiren a estos puestos. Estos consejos te van a ayudar a hallar tu auténtica voz de líder y tu estilo único. Cualquier persona que aspire a alcanzar el puesto más alto y pretenda conservarlo debe desarrollar una auténtica voz de líder.

Es importante que lo hagas por ti mismo, pero también por tu empresa. Todos aquellos que trabajan para ti, cuentan contigo para realizar su trabajo lo mejor posible. Tus socios cuentan con que sabrás comunicarles todo debidamente y que serás tanto la cara como la voz pública de la empresa.

Perfecciona tus cualidades

En el mundo de los negocios hay que controlar la hoja de balance y seguir perfeccionando las cualidades. En tu hoja de balance *personal*, también tienes cualidades que perfeccionar, y estas no son tu sueldo, tu título, tus ingresos corporativos o tu cotización en bolsa: todo esto son simplemente los beneficios de tu trabajo. Tus cualidades personales son tus capacidades y tu talento, siendo lo más importante el desarrollo de tu auténtica voz de líder. Los líderes que hablan con su auténtica voz, que saben comunicarse, poseen ventaja en los negocios.

Por suerte, dispones de muchas oportunidades para perfeccionar tus cualidades y desarrollar tu auténtica voz de líder, ya que cada día te enfrentas a la comunicación. No es algo que puedes encender y apagar a tu antojo, o que puedas decidir que un día vas a comunicarte pero que el otro no. El trabajo de un líder es saber comunicarse, y esto es algo que debes aprender a hacer desde buen comienzo.

La mayoría de los líderes más destacados te dirán que al principio eran unos oradores y redactores mediocres, hasta pésimos. No es normal conocer a altos ejecutivos que siempre se hayan sentido cómodos al hablar en público. No obstante, a medida que fueron ganando experiencia han aprendido a manejar los discursos ante multitudes. Dominar este aspecto lo cambia todo. Hablar es mucho más grato cuando lo haces con tu propia y auténtica voz.

Conclusión

Así pues, ascender hasta la cima —eso es, convertirte en un auténtico líder— depende solamente de proyectar en los demás aquellas cualidades que se esperan de un líder, y hacerlo con tu voz y métodos propios. Debes transmitir estas cualidades, y hacerlo a tu manera. Si conectas con la gente es porque posees estas cualidades que buscan en un líder y ven en ti a uno verdadero.

Hablar como un director ejecutivo depende solo de proyectar toda una serie cualidades y hacerlo a tu manera. Ha llegado el momento de echar un vistazo a los secretos que han ayudado a otros altos ejecutivos a conseguirlo.

2

Ocho secretos de algunos grandes comunicadores

«Hablar y saber hablar son cosas distintas.
El necio habla, pero el listo sabe hablar».

BEN JONSON, poeta
y dramaturgo británico

Cuando hay que hablar en público, quien dirige el discurso técnicamente debe hablar como es debido, pero el discurso también debe estar fundamentado. El conferenciante tiene que actuar y hablar como un líder, en especial si es director ejecutivo o ejecutivo.

Lo primero que hay que tener en cuenta es el contenido del mensaje; la habilidad técnica sola no basta. Hay que tener claro qué se dice y cómo decirlo de forma clara y convincente. Los líderes que citamos en este capítulo aportan consejos con mensajes potentes. El mensaje es el fundamento: sin este, eres un orador, pero no un líder.

Secreto 1: Habla sobre ideas principales

> *«Él posee la capacidad de comprimir la mayor cantidad de palabras en el menor número de ideas que haya visto jamás en un hombre».*
>
> ABRAHAM LINCOLN, decimosexto
> presidente de los EE. UU.

Cada discurso, presentación o acto comunicativo requiere de una idea principal. La idea principal es todo cuanto la mayoría de las personas es capaz de retener, y esta tiene vida por sí sola, sin requerir un gran discurso. Es la idea principal por su *relevancia*, no por su *extensión*.

El discurso de Gettysburg de Abraham Lincoln contiene 271 palabras en inglés, y es uno de los mejores discursos jamás pronunciados. En aquel día de 1863, la concurrencia no había acudido allí para escuchar al presidente Lincoln, sino para escuchar al más célebre orador del país, Edward Everett, quien habló durante dos horas. Cuando lo hizo Lincoln, dio su discurso en tres minutos, pero esos tres minutos contenían una gran idea principal: persuadir a la nación para seguir luchando. En el Apéndice E podrás encontrar el discurso íntegro.

A nadie le entusiasma un discurso largo. Personalmente, no me gusta nada tener que dar una charla de cuarenta y cinco minutos, ¡resulta demasiado largo! Discursos cortos con ideas principales potentes, ¡he aquí el secreto! El discurso del presidente Kennedy de 1961, que inspiró a los Estados Unidos a lanzar al hombre a la Luna, es otro ejemplo de discurso con unas ideas principales bien proyectadas. En aquel entonces, el país iba por detrás de la Unión Soviética en su carrera espacial, habiendo conseguido con éxito tan solo unos pocos vuelos tripulados. Kennedy dijo que irían a la Luna, y llegaron a la Luna: alunizaron antes de que terminase la década.

«Hemos decidido ir a la Luna. Hemos decidido ir a la Luna en esta década, y también afrontar los otros desafíos, no porque sean fáciles, sino porque son difíciles, porque esta meta servirá para organizar y medir lo mejor de nuestras energías y aptitudes, porque es un desafío que estamos dispuestos a aceptar, que no estamos dispuestos a posponer, y que tenemos toda la intención de ganar, también a los demás».

Secreto 2: Habla desde el momento presente

A nadie le gustan los discursos enlatados. Los discursos enlatados disipan la atención de la gente. Hay que hablar sobre lo que está ocurriendo en este instante. Una vez un director ejecutivo dijo: «Si usas los mismos recursos discursivos de siempre, la gente que te está escuchando pensará: "¿Quién es ese y por qué está dando un discurso?" Y este no es un buen comienzo, diría incluso que es desfavorable». Tu mensaje debe concernir a la gente y a la actualidad para ganarte a una audiencia que ya de por sí no está muy dispuesta a escuchar.

Arnold Zetcher, presidente y director ejecutivo de Talbots, fue condecorado por la National Retail Federation unos meses después del atentado del 11 de septiembre de 2001. Él sabía que su discurso debía distinguirse de cuantos había dado, y dijo: «El primer borrador era un discurso de agradecimiento, y entonces pensamos: "Un momento, deberíamos hablar sobre lo que está pensando la gente. Debemos hablar sobre algo más amplio. Hay que hablar sobre este país"». Zetcher y su equipo rehicieron el texto de arriba abajo, y lo que resultó fue uno de los mejores discursos que haya pronunciado jamás.

Cuando Sovereign Banc abría sucursales en Nueva Inglaterra, había muchas dudas sobre si la empresa podría competir con los otros bancos de la región. John Hamill, su presidente y director ejecutivo, convocó una reunión con sus quinientos empleados para desvanecer cualquier tipo de duda: «Me di cuenta de que lo único que podía hacer era enfrentarme a este asunto de cara», afirmó. «La reunión versaría sobre lo que mis empleados estuviesen pensando, ahí y en ese preciso momento». Les habló acerca de por qué se había incorporado al banco y las razones que pensaba que les iban a asegurar el éxito. «Apaciguar sus dudas dio resultado», asegura. «Cuando estableces contacto con los pensamientos de la gente en un momento así, puedes calmarlos y disiparles las dudas para que así puedan centrarse en escuchar el mensaje que de verdad importa».

Secreto 3: Comunica tus mensajes de forma amena

Uno de los problemas de muchos discursos es que intentan abarcar demasiado. Tu mensaje debe ser simple y directo, si quieres que la gente lo recuerde.

Roger Marino, fundador del gigante en tecnología EMC, se crio en un barrio obrero del norte de Boston y obtuvo su título en Ingeniería eléctrica en la Northeastern University, centro de educación cooperativa. Aun así, Marino era un hombre de negocios en su fuero interno. EMC vendía uno de los productos o servicios menos atractivos que se puedan imaginar: sistemas de almacenaje de datos informáticos. Pese a todo, él y sus dos socios levantaron una empresa que acabó dominando el mercado.

Marino había aprendido de buen comienzo la importancia de la comunicación en el mundo de los negocios, concretamente la importancia de un mensaje simple. «En la facultad, me fastidiaba estar escuchando algún profesor de ingeniería y no entenderlo», dice. «No podía comprender cómo la gente podía considerar a alguien que no sabe explicarse un profesor brillante».

Para Marino, ser un profesor brillante significaba saber explicar tus ideas de un modo comprensible. «La comunicación lo es todo», afirma. «Tienes que preparar bien tu mensaje».

Aplicando lo aprendido en la facultad al mundo de los negocios, Marino considera que su principal fortaleza es saber comunicar su mensaje de forma simple. Haciéndolo de una forma amena es su modo de conseguir que la gente se interese y preste atención a lo que dice, sea del tema que sea. «Puedo enseñar a jugar al golf o al tenis de un modo preciso porque *carezco* de habilidad para estos deportes. Me limito a explicarlos paso por paso», dice. «Un director ejecutivo tiene que hacer esto mismo: llevar a la gente de la A a la B y de la B a la C».

Secreto 4: Sé sincero y directo

Nuestra encuesta sobre comunicación sobre la que hablamos en el capítulo anterior determinó que la aptitud principal que la gente busca en un líder es la honradez y la integridad. Para hablar como un director ejecutivo, tienes que transmitir un mensaje veraz. La gente quiere que un líder sea algo más que un simple orador: quiere a un líder que sea siempre sincero.

El senador John McCain es una persona muy directa en el mundo de la política, lo que es algo peculiar en este terreno. Los líderes políticos quieren ganar votos, y por ello deben contentar a todo el mundo, lo cual hace que tiendan a no posicionarse. McCain dice lo que piensa, sin tapujos y sin importarle las consecuencias. Alguna que otra vez la presión política le ha podido, aunque esto no sucede muy a menudo.

El hecho de ser tan directo le ayudó en su breve campaña para las presidenciales de 2000. Dijo a los periodistas algo que no era cierto: que respetaría la decisión del estado de Carolina del Sur de izar la bandera confederada estadounidense en su Parlamento. Más tarde aclaró: «Temía que, si respondía honestamente, no ganaría las primarias en Carolina del Sur. Así que decidí traicionar mis principios. Rompí la promesa de decir siempre la verdad».

McCain tenía la buena reputación de decir siempre la verdad, así que la gente aceptó sus disculpas. Un líder debe saber que la gente aceptará los errores que pueda cometer, sin embargo, no aceptarán las mentiras reiteradas. Todo director ejecutivo debe saber que la honradez es el secreto para ganarse la confianza de la gente y ser un verdadero líder.

Tener fama de honesto te puede conducir a lo más alto. Sallie Krawcheck obtuvo el cargo de directora ejecutiva de la compañía Citigroup tras los escándalos internos que tanto perjudicaron a sus negocios en 2001. Citigroup necesitaba demostrar su desvinculación al respecto, así que dio la espalda a los peces gordos de la correduría y nombró a Krawcheck por su buena reputación de persona honesta, aptitud que adquirió en la empresa investigadora y de inversión en tiendas de moda Sanford C. Bernstein, donde empezó como analista y de la que acabó siendo directora ejecutiva. De hecho, Krawcheck recibió el apodo de «Straight Shooter» ('la de las palabras sinceras y directas') por la revista *Money*, y la revista *Fortune* redactó en su titular, con relación a ella, «En busca de la última analista honesta».

Secreto 5: Sé optimista

> «Era el mejor de los tiempos, era el peor de los tiempos».
>
> CHARLES DICKENS, autor de
> *Historia de dos ciudades*

Cuando uno es director ejecutivo, se pasa por buenas y malas temporadas, y hay que medir la realidad por medio de la esperanza. La marca distintiva de un buen líder es su optimismo; un director ejecutivo tiene que hablar sobre aquello que es *posible*.

Cuando Bill Ford Jr. destituyó al director de Ford Motor Company Jacques Nasser en 2001, la compañía estaba perdiendo miles de millones de dólares. Tenían la moral baja, la calidad de Ford Motor estaba en entredicho, y la especulación acerca del compromiso de Ford Jr. de ponerse al mando de la compañía planeaba sobre la prensa y el sector.

En una rueda de prensa celebrada en junio de 2003 para anunciar las ganancias trimestrales, los periodistas insistían acerca de la debilidad de Ford Motor Company y, sin embargo, Ford Jr. respondió a todas y cada una de las preguntas con optimismo. «Caminamos de nuevo sobre pie firme», les dijo. «Me siento bien respecto a donde estamos ahora, y también respecto a donde nos dirigimos. Estoy muy entusiasmado por los resultados que estamos obteniendo y por los productos que están por venir». En efecto, en veinte meses Ford dio un vuelco a la empresa y obtuvo unas ganancias de 896 millones de dólares en tan solo un trimestre.

Asimismo, Ford Jr. abordó las cuestiones acerca de su compromiso para con Ford Motors: «Las reticencias con respecto a la dirección ejecutiva son ya agua pasada», afirmó. «Es un honor y un privilegio para mí poder dirigir esta compañía, es todo cuanto puedo desear».

Al abandonar la rueda de prensa, los detractores habituales ya no estaban allí, esta vez se encontró con docenas de simpatizantes congregados alrededor de su Lincoln Navigator. Y uno de ellos exclamó: «¡Sigue trabajando así!».

Secreto 6: Mira hacia el futuro

> *«La mayoría de las cosas importantes del mundo las ha conseguido gente que no ha desistido cuando parecían no tener esperanza alguna».*
>
> DALE CARNEGIE, *Cómo ganar amigos e influir sobre las personas*

En tiempos difíciles, buscamos la esperanza en los líderes. Rudy Giuliani, alcalde de Nueva York en 2001, se encontraba en el corazón de Manhattan cuando el primer avión impactó contra el World Trade Center el 11 de septiembre de aquel año. Por la mañana, su carrera política pendía de un hilo: su mujer lo había echado de casa, furiosa por la noticia de la existencia de una amante.

No obstante, aquel día Giuliani sabía lo que tenía que hacer. Primero, acudió al escenario de la catástrofe arriesgando su vida: estuvo quince minutos atrapado bajo los escombros y, cuando consiguió salir, fue directo a los periodistas. Mientras todo el mundo se preguntaba todavía qué había sucedido, Giuliani apuntó a la esperanza. Al preguntarle sobre los neoyorquinos dijo: «Simplemente, son las personas más maravillosas del mundo». Y declaró: «Tenemos, sin duda alguna, el mejor departamento de policía, el mejor departamento de bomberos, el mejor cuerpo de policía, el mejor cuerpo de bomberos, y el mejor cuerpo de emergencias del mundo entero».

Inmediatamente, Giuliani dirigió la atención de los neoyorquinos hacia el futuro, y dijo: «La gente de Nueva York volverá a levantar la cabeza. Saldremos de esta emocionalmente más fuertes, políticamente más fuertes, mucho más unidos como ciudad, y también saldremos adelante económicamente más fuertes».

La esperanza es un potente mensaje. Céntrate en el futuro y en lo que pueda hacerse; cuando hables, explícale a la gente aquello que creas verdaderamente posible. Tu perspectiva, tus esperanzas y tu convencimiento acerca del futuro marcan el camino de la organización. Céntrate en el futuro y la gente lo hará posible.

Secreto 7: Sé tú mismo

> *«Y, sobre todo, sé fiel a ti mismo».*
>
> WILLIAM SHAKESPEARE, poeta
> y dramaturgo británico. *Hamlet*

De entrada, un director ejecutivo está en clara desigualdad con respecto a su audiencia, pues su título causa respeto y marca distancias. Este es un pésimo comienzo para un discurso, reunión o incluso una conversación. Tu objetivo es encontrar un modo de conectar y, para ello, debes ser tú mismo.

Dan Wolf, fundador y director ejecutivo de Cape Air, tiene fama de persona genuina: es amigable, discreto y natural ante la gente. Recurre a sus experiencias y sus múltiples intereses para conectar con la audiencia. Antes de ser director ejecutivo, era licenciado en Ciencias Políticas, se sacó su licencia de piloto comercial y trabajó tanto de instructor de vuelo como de mecánico. Como puedes imaginar, en las reuniones sabe hablar de tú a tú con los empleados, y también de piloto a piloto, de mecánico a mecánico, y de empresario a empresario.

«Tengo un talante discreto», explica. «Lo relacionado con el aspecto físico, como los chistes de calvos, funciona; tengo más fama de empresario que de mánager; mis habilidades organizativas no son gran cosa, y esto es también un buen motivo de chiste». Los buenos líderes son capaces de humanizarse a sí mismos y aun así conservar su autoridad.

«La gente tiene interés por la persona que dirige la organización», afirma. «Quieren conocer tus sentimientos, tus reacciones y tus opiniones. Si eres capaz de compartir todo esto de forma modesta —porque no queremos que la gente se piense que está hablando con un egocéntrico sino con un ser humano común—, conseguirás conectar con los demás».

Secreto 8: Lucha por algo

Los resultados de nuestra encuesta, que ya analizamos en el Capítulo 1, demostraron que las personas no trabajan tan solo para ganarse un sueldo, sino porque quieren formar parte de algo más. Quieren que su trabajo tenga un propósito, y que su compañía tenga un cometido. Quieren saber que lo que hacen marca, de algún modo, una diferencia.

La persona que encarna tanto el propósito como el cometido de una organización es el director ejecutivo. Los directores ejecutivos de mayor éxito son aquellos que avanzan en paralelo con el cometido y el propósito de la organización, son directores ejecutivos que luchan por algo.

Judy George es fundadora y directora ejecutiva de Domain, interiorista de mobiliario de diseño, aunque antes de iniciar su negocio fue presidenta de Scandinavian Design. La historia del nacimiento de su negocio es un buen ejemplo de cómo Judy luchó por algo.

Una mañana de domingo de 1985, Judy tenía una reunión con el director ejecutivo de Scandinavian Design con la esperanza de zanjar un nuevo acuerdo. Fue despedida. Judy había invitado a familiares y amigos a una gran fiesta de celebración por el nuevo acuerdo y, en vez de esto, tuvo que darles la mala noticia al llegar a casa. Pese a la conmoción, Judy se levantó a la mañana siguiente pensando sobre sus planes de futuro, y decidió que ese era el momento de llevar a cabo algo que había querido toda su vida: iniciar su propio negocio. En 1998, su empresa había pasado de 3 trabajadores a 250, con 23 tiendas y unos beneficios de 50 millones de dólares.

El éxito de Judy devino toda una leyenda, en especial entre las mujeres emprendedoras. Había impulsado su ascenso hacia la cima, combinando su pasión por la moda con esfuerzo y agudeza para los negocios. Al final, acabó vendiendo la empresa y escribió dos libros, uno de los cuales se convirtió en *bestseller: The Domain Book of Intuitive Home Design.* Asimismo, dio frecuentes charlas para grupos empresariales y le hicieron varias entrevistas, en las que compartió su historia personal.

A Judy la reconocen por la calle, y la gente se le acerca para saludarla o darle la mano. Ella atribuye su popularidad al simple hecho de que la gente conoce su historia de principio a fin. La lección que se puede sacar de esto es, según Judy, «que tienes que luchar por algo», y añade: «Este es el mejor consejo que puedo dar. Y, para lograrlo, debes contar algo de ti mismo para que la gente sepa por lo que has pasado y los errores que has cometido. La gente se identifica con tu historia, y se da cuenta de que todos somos humanos».

Los directores ejecutivos y los líderes de éxito no llegan a la cima solo por suerte. Como has podido ver en este capítulo, se necesita más que simple habilidad técnica. Lo cierto es que la mayoría de los líderes que saben hablar fueron en su día unos principiantes, pero si lograron convertirse en grandes oradores es porque ellos mismos *eligieron* serlo: invirtieron tiempo, se propusieron metas y se comprometieron para llegar donde están ahora. Esto mismo es aplicable a ti. Tu capacidad para alcanzar el éxito es decisión tuya, eres tan bueno como te propongas serlo. Los consejos del Capítulo 3 te ayudarán a encarrilar tu determinación.

3

Eres tan bueno
como te propongas

> «*Todos los grandes oradores empiezan
> siendo unos oradores pésimos*».
>
> RALPH WALDO EMERSON, poeta
> y ensayista estadounidense

¿Han nacido los grandes líderes, atletas, políticos y oradores para la mismísima grandeza, o tuvieron que desarrollarla? ¿Es cuestión de genes o de formación?

Tal y como dijo una vez Thomas Edison: «El genio es un uno por ciento de inspiración y un noventa y nueve por ciento de transpiración». Todo el talento del mundo no te llevará hasta lo más alto de la PGA de golf o del mundo de los negocios si no estás dispuesto a ponerle esfuerzo. Con mis respetos a Nike por el mejor eslogan del mundo, tienes que decirte: «Simplemente hazlo» (*Just do it*).

Hablar bien es decisión *tuya*. No importa que fueras un niño introvertido o el calladito de la clase en el instituto; no importa que nunca tuvieras la oportunidad de hablar en tu carrera; no importa si tienes una agenda apretada que te impide el perfeccionamiento profesional: tú eres quien decide si vas a convertirte en uno de los buenos.

Todos los directores ejecutivos que saben cómo hablar bien fueron mediocres en su día, incluso algunos de ellos malísimos. Hay mucha gente a la que le gustaría saber hablar mejor, pero no dan el paso para hacerlo realidad. Tomar la decisión pone en marcha los engranajes: encuentras el momento, la gente aparece en tu vida, y las oportunidades surgen.

Puede que escuchar el consejo de aquellos que son buenos en lo que hacen te inspire a dar el paso. Los conocimientos y las experiencias que encontrarás en este capítulo demuestran que dominar una habilidad es la victoria de la mente sobre la materia.

Haz de ello un «juego»

Trabajar para llegar a ser bueno no es siempre de lo más apasionante; incluso el golf puede convertirse en simple trabajo si tienes que practicarlo cada día y si sobre ti recae la presión de ganar. Así las cosas, hay que convertir el trabajo en un juego, como lo hizo Tiger Woods: «Me lo tomé siempre como una diversión», dijo acerca del entrenamiento. «Y no precisamente yendo al campo de golf y golpear pelotas todo el día, porque esto se hace aburrido. A mí me gustan los juegos, especialmente los que puedo aplicar a cada circunstancia».

Puedes usar este mismo enfoque con los «juegos orales» y hacer de ellos algo entretenido. Busca oportunidades para experimentar algo nuevo, ponte a prueba, márcate un objetivo y encuentra aquello que proporcione diversión a una tarea. Crea tus propias reglas, tu camino al éxito. Da más de ti de lo que la gente espera, deja alto el listón, averigua hasta dónde puedes llegar, convierte el reto en un juego. He descubierto muchas maneras de poner esto en práctica, como por ejemplo darte una recompensa por tu tiempo de práctica. Una vez, en una conferencia de fin de semana en Miami, hice un trato conmigo misma: me levantaría muy temprano para practicar mi discurso dos veces más para así poder ir a la playa antes de la sesión de la tarde. En otra ocasión, en plena preparación de un curso de comunicación oral, me fijé una fecha para invitar a comer a unos amigos y hacer una prueba con ellos como audiencia. Fijarte una fecha, invitar a unos amigos y convertirlo en algo divertido me incentivó a perfilar mi currículum y a prepararme para un asunto profesional.

Piensa maneras de compensarte e incentivarte que te motiven a poner el esfuerzo necesario para mejorar. Trabajar sin divertirte no parece una buena fórmula para alcanzar el éxito. Tienes que trabajar duro, pero también tienes que disfrutar con lo que haces. Los incentivos personales son un buen método para subirte los ánimos y no tener la sensación de que nada pasa de ser una ardua tarea.

Di «sí» a hablar en público

Mucha gente evita, si consigue apañárselas, hablar en público. De hecho, se dice que mucha gente teme más a hablar en público que a la muerte.

Sea esto cierto o no, las excusas que suelo escuchar son que están demasiado ocupados o que tienen cosas más importantes que atender.

Puedes delegar las obligaciones orales a otras personas de tu empresa, aunque de este modo estarás dejando escapar grandes oportunidades. Cuando eres el director ejecutivo, eres la voz y la cara de la empresa, y la gente espera de ti que hables ante todo un auditorio. No vas a mejorar si nunca dices «sí» a hablar en público.

A una directora ejecutiva conocida mía la habían ascendido para este puesto por su infatigable trabajo y sus aportaciones a la empresa. Era una gran trabajadora que lograba resultados. Trabajó duro y tomó decisiones acertadas, pero nunca se sentía cómoda ante la idea de hablar en público. Cuando le dieron el ascenso decidió que, en vez de exponerse a sí misma a los discursos, delegaría la labor en su jefe de operaciones. Este era una persona extrovertida y disfrutaba hablando en público. La directora creyó haber encontrado la solución definitiva.

En los eventos con los empleados, conferencias e incluso reuniones de junta directiva, el jefe de operaciones era quien se encargaba de la parte principal de las presentaciones. Ella se limitaba a dar una introducción y seguidamente le dejaba paso a él para que diera las felicitaciones, explicara los planes de negocios o llevara el debate de la junta. Evitaba también hablar ante las cámaras, y prefería encomendar la tarea a su persona de confianza o a alguien de la empresa.

Ya te puedes imaginar el efecto que esto tenía sobre los empleados, clientes, directores y público a largo plazo. Rara vez la directora era localizable en tales situaciones. Su actitud minó claramente su autoridad para con los empleados y hacía dudar a la gente sobre quién estaba realmente al mando. La gente respetaba su trabajo, pero tenía sus dudas sobre si ella era realmente válida como directora ejecutiva. Además, la empresa pasaba por apuros financieros, y resultaba difícil no pensar que la ausencia pública de la directora ejecutiva fuese una de las causas.

Si aspiras a obtener algún puesto de liderazgo, tienes que decir «sí» a hablar en público. Si aspiras a convertirte en director ejecutivo, mejor empezar cuanto antes. No esperes a necesitarlo para aprender a hablar en público, porque entonces puede ser demasiado tarde. Un director ejecutivo tiene que estar en primera línea, dar los discursos, dirigir los debates, dar las felicitaciones y hablar con la prensa. Ese es su papel. Sean cuales sean tus preferencias personales, tienes que asumir todo lo que el trabajo requiera.

Pide ayuda

No siempre es fácil pedir ayuda, ya que quizás uno esté acostumbrado a hacer las cosas por sí mismo. Una clienta en servicios financieros recibió una gran oferta para un puesto de alta ejecutiva. Pero un viernes se vio en un aprieto: se había comprometido a dar un curso, asistir a varias reuniones y atender a un cliente, pero también tenía una importante presentación que dar el martes siguiente. No tenía tiempo ni para cepillarse los dientes, ni qué decir sobre preparar ese importante discurso.

Descolgar el teléfono y pedir ayuda a mi agencia le ayudó a cambiar esa dinámica. Podría haber intentado abarcarlo todo, pero eso habría significado hacerlo todo a mediogas, incluso la presentación. Nosotros delegamos o cancelamos algunos de sus compromisos y nos centramos en la presentación. Al final dio un discurso sensacional, cautivó a la empresa y consiguió así el puesto.

Quizá no te resulte demasiado fácil pedir ayuda. Muchas personas de éxito son autosuficientes, y esta es una buena cualidad. No obstante, no cometas el error de no dejarte ayudar, porque pedir ayuda es una de las cosas más poderosas que puedes hacer. Te hace falta la opinión de asesores de confianza, te mereces toda la ayuda que te pueda proporcionar gente competente. Rodéate de gente competente y pídeles ayuda siempre que lo necesites.

Amplía horizontes

Es muy fácil quedarse en la zona de confort una vez se alcanza un punto determinado en la carrera profesional. Se nos recompensa por lo que sabemos, y probar cosas nuevas se nos antoja innecesario.

Cuando arranqué mi agencia, pensé que podría ayudar a la gente a hablar en público, aunque no sabía si sería capaz de llevar una consultoría, pues carecía de conocimientos empresariales y de experiencia como empresaria. Si echo la vista atrás, me doy cuenta de que lo más emocionante de todo era que me levantaba de la cama sin saber lo que haría: tuve que aprenderlo todo y, en el camino, aprendí muchas cosas sobre mí misma. Levantarse cada día y averiguar cómo ser capaz de hacer algo nuevo es de lo más vivificante.

Muchos de mis clientes solicitaron mis servicios creyendo que iban a aprender algo nuevo, pero no esperaban que el proceso fuese incluso placentero. Entonces, al empezar a ampliar horizontes y tener algo de éxito, es cuando se siente la emoción. Incluso quienes se encuentran en un punto avanzado de sus carreras profesionales experimentan crecimiento, y el crecimiento es excitante. Ampliar horizontes aporta confianza, hace el trabajo más ameno y gratificante, y proporciona satisfacción profesional y personal. Cuando estás determinado a aprender algo nuevo, te das cuenta de lo que eres capaz de conseguir.

Un error habitual

Un director ejecutivo de una empresa industrial sentía pasión por su negocio, pero sus presentaciones eran sosas y aburridas. Se recreaba parsimoniosamente en estadísticas y cifras, lo que adormecía a su audiencia. El presidente del consejo de administración lo llamó aparte y le confió su opinión de que podía hacerlo mejor. La empresa necesitaba un soplo de motivación, y el presidente le recordó que captar el interés de la gente y animarla estaba en sus manos.

Dejamos a un lado los PowerPoints con sus estadísticas y cifras, y hablamos sobre sus puntos fuertes y débiles. Una de sus plantas en el extranjero estaba en apuros, y quería motivar a sus empleados para que superaran la situación. Hablamos de sus éxitos y fracasos, de sus retos y metas, y anotamos ejemplos de otros empleados que consiguieron superarse, así como de todo lo que él había aprendido anteriormente en su carrera.

Ahora contábamos con ejemplos sobre el esfuerzo laboral y la perseverancia, ejemplos sobre innovación y enfoques creativos. Al final dio una presentación sin estadísticas ni cifras, limitándose simplemente a contar estas anécdotas. A partir de estos ejemplos, estaba diciéndoles a sus empleados que sabía quiénes eran y que confiaba en ellos. El discurso fue toda una inspiración y, por tanto, un éxito. Los empleados regresaron al trabajo, resolvieron muchos de los problemas y cambiaron las cosas.

Todo el mundo debería estar abierto a la curiosidad y preguntarse qué es lo que van a aprender hoy. La decisión del director ejecutivo de ampliar sus horizontes tuvo un gran impacto en su empresa. Si ves que lo que estás haciendo no funciona, prueba con alguna otra cosa, arriésgate, sal de tu zona de confort. Te vas a ver recompensado de formas que ni habías sospechado.

Dedícale tiempo a tu crecimiento profesional

Un líder pone los intereses de su empresa por delante de todo, y a veces esto dificulta que se dedique tiempo a uno mismo. Dedicar tiempo y dinero a tu crecimiento profesional puede no formar parte de tus planes de inversión. Sin embargo, es una de las mejores inversiones que puedes hacer, ya que como director ejecutivo tú eres la cara y la voz de la empresa.

Conocí a un ejecutivo de banco que era un orador mediocre y solía pasarlo muy mal en las sesiones de preguntas abiertas sin sus notas delante. Los demás se lo toleraban porque, como ejecutivo, contribuía a la empresa con otro tipo de aptitudes. Pero en una de las reuniones estuvo titubeando a la hora de responder a las preguntas de la junta, y el director ejecutivo tuvo que intervenir. Se le advirtió que debía mejorar sus aptitudes comunicativas.

Era la primera vez que le decían que esto suponía un problema, si bien él nunca había considerado necesario desarrollar habilidades comunicativas para hablar en público. Había presupuesto que el resto de sus aportaciones a la empresa compensaban con creces sus carencias discursivas.

A pesar de que nadie te haya hecho nunca ningún comentario al respecto, es tu deber cuidar de tu perfeccionamiento profesional. Si alguna vez alguien hace una crítica a alguna de tus capacidades, entonces serás capaz de determinar el grado de mejora que necesitas. Seguro que recuerdas esos anuncios de productos para el pelo en los que las actrices decían «Porque yo lo valgo»: todos los ejecutivos y ejecutivas deberían tener la misma actitud ante el desarrollo de su crecimiento profesional. Tú lo vales.

Dedícale el tiempo que estimes necesario, y hazlo antes de que sea tu jefe quien te diga que algo no funciona. Nunca te arrepentirás del tiempo empleado en la mejora de sus aptitudes, ya que ganarás confianza en ti mismo y te convertirás en un líder más eficiente.

Hablar como un CEO

Mantén la comunicación con regularidad

Cuando llegas a director ejecutivo, no puedes limitarte a hablar solo a ratos, sino que tienes que estar siempre en primera línea y dar la cara. Cuando Charlie Baker se convirtió en presidente y director ejecutivo de Harvard Pilgrim Health Care (HPHC), esta andaba de capa caída. Entonces decidió que lo que debía hacer era mantener el contacto con sus empleados en estos tiempos tan duros.

«Sabía que lo que necesitaban era una comunicación constante, comprensible y estable sobre cuáles eran nuestros movimientos y por qué», afirma Baker. Decidió enviar un correo electrónico a todos los empleados cada viernes para comunicarles tanto las buenas noticias como las malas. Era sincero acerca de cómo estaba actuando HPHC para mejorar las cosas, y funcionó: «Comprendieron que íbamos a superar los baches. Esto les transmitió optimismo, y esta es una de las principales razones de por qué actuamos así», dijo. En los días siguientes, los empleados empezaron a enviar los correos electrónicos a gente de fuera de la empresa: proveedores de atención sanitaria, hospitales y doctores a quienes también les preocupaba el futuro de la compañía de servicios sanitarios.

«Fue increíble», asegura. «Muchas personas me dijeron que aquello les había ayudado a comprender los duros momentos por los que pasábamos. También que les había resultado más fácil mantenerse a nuestro lado y animarnos cuando las noticias recibidas no eran positivas».

Baker entró en HPHC a mediados de 1999, el mismo año que la compañía había sufrido unas pérdidas de 277 millones de dólares. Pero él dio un vuelco a esas cifras en tres años. Actualmente, HPHC cuenta con ochocientos mil miembros, veintidós mil médicos, ciento veinticinco hospitales y, a finales del 2004 y bajo el mando de Baker, obtuvo unos balances positivos durante diecisiete trimestres consecutivos.

Mantener la comunicación con regularidad es una de las claves de la eficacia: cuanto más lo haces, más mejoras. La gente espera escuchar lo que tengas que decirles, y aprecian estar en contacto con su superior. «Esto es lo que construye relaciones», señala Baker; y sigue con su hábito de mandar correos electrónicos cada viernes: «Muchas de las personas que reciben mi correo en su bandeja de entrada cada viernes me cuentan que con ello sienten una gran conexión», dijo.

Mantener la comunicación con regularidad no es simplemente beneficioso para tu empresa, sino también para ti mismo. Te obliga a comunicar tus metas y cómo pretendes alcanzarlas.

Cuenta historias

Contar historias es una habilidad que todo líder debería tener. Contarlas en ambientes informales —como por ejemplo en el despacho, en algunas reuniones o durante conversaciones— hace que todo sea más agradable a la par que te ayuda a conectar con la gente. Por otro lado, hacerlo en ambientes formales, como por ejemplo en discursos o presentaciones, te ayuda a transmitir tus ideas sin aburrir a la gente.

Las buenas historias son ideales para los grandes discursos. Dan Wolf, director ejecutivo de Cape Air, creció en una familia que se sentaba a la mesa y explicaba historias. De hecho, uno de los hermanos de Dan se gana la vida como escritor; por su parte, Dan llevó las historias al terreno de la dirección ejecutiva. Durante un aperitivo digno de recordar al que asistí, deleitó a la audiencia con una historia divertidísima en la que contaba a sus hijos cómo acabó siendo nombrado «hombre de bien» honorífico. Estuvo divino: nos cautivó con cada palabra, y estábamos atrapados por su humor, ingenio y pericia narrativa. Y no es que la gente le escuchara por simple educación, sino que estaban totalmente fascinados. Sus historias marcaron la diferencia.

Si tú también creciste en un hogar en el que se explicaban historias alrededor de la mesa, considérate afortunado, porque en tu carrera profesional saldrá de ti mismo contarlas con toda naturalidad. No obstante, si no fue ese tu caso, todavía puedes aprender este arte, y no hablo de memorizar y repetir un buen chiste que hayas escuchado —aunque esto tampoco esté mal—, hablo de contar historias de cosecha propia que marquen la diferencia.

A la gente le encantan las historias. Son un buen modo de mostrarnos tal y como realmente somos y pensamos, y a su vez nos permiten enseñar comportamientos y valores sin dar la sensación de fanfarronear o de aleccionar. Puedes empezar con aquellas que ya hayas contado a amigos o familiares, y también puedes empezar a fijarte en todo lo que sucede a tu alrededor. Cuando lo hagas, te aseguro que cada día obtendrás al menos una historia nueva que contar. Se empieza a contar historias siendo consciente de ello, aunque de esto vamos a hablar en el Capítulo 9. Por el momento, si has tenido experiencias vitales, ya tienes historias que contar, y puedes servirte de ellas para transmitir tus ideas de una forma eficaz.

Una vez asistí a un curso sobre narración con Marcia Reynolds y Vickie Sullivan, oradoras y consultoras que ayudan a profesionales a mejorar sus habilidades comunicativas. Yo me había pasado veinte años contando historias *a los demás* en los telediarios, pero estaba convencida de que no había tenido una vida demasiado emocionante ni tenía ninguna buena historia propia que contar.

Marcia y Vickie enseñaron a los asistentes que todos tenemos historias, y nos sugirieron que las buscásemos en los retos que habíamos tenido que afrontar. Nos recomendaron que nos centrásemos en los problemas que habíamos visto y vivido; a veces uno necesita un poco de distancia con respecto a esos problemas para llegar a comprenderlos. Anótalos y cuéntaselos a tus familiares, e indaga acerca de su verdadero significado. Las historias pueden hablar sobre ti o sobre gente de tu alrededor: fíjate en aquellas personas y situaciones que te puedan aportar una buena historia y, luego, cuéntala y observa su impacto. Contar historias puede convertirse en una de las habilidades más valiosas de un director ejecutivo, pues es uno de los métodos más eficaces para comunicarse como un líder de una forma que motive e inspire a los demás.

4

Qué se puede aprender de diez mil líderes y de trabajar en la televisión durante veinte años

«Experiencia es simplemente el nombre que le damos a nuestros errores».

OSCAR WILDE,
dramaturgo irlandés

Uno de los mayores beneficios de trabajar en un canal de noticias es poder entrevistar y conocer a muchas personas interesantes. En 2003, era la presentadora en el noticiario de la mañana de una cadena de radio de Boston. Un viernes, cuando ya salía del trabajo, el productor nos comunicó que era probable que Hillary Clinton acudiese al programa la semana siguiente con motivo de la gira de presentación de su libro. La autobiografía de la ex-primera dama *Historia viva: Memorias* acababa de ser publicada y yo todavía no me la había leído, pero me dije que hojearía algunos capítulos el lunes cuando regresara al trabajo.

El lunes, cuando llegué a la radio a las cinco de la mañana, me llevé una gran sorpresa cuando me dijeron que Hillary Clinton iba a llamar por móvil desde el Aeropuerto de La Guardia en cinco minutos. Solo podía hacer la entrevista a esa hora, ya que tenía el resto del día ocupado. ¡Imagínate qué presión! Los presentadores de noticias estamos acostumbrados a trabajar con plazos muy ajustados, pero aquello era demasiado. Ni siquiera había leído la primera página del capítulo uno de *Historia viva*.

Aquello se antojaba interesante. Nos retrasamos lo suficiente para que yo pudiese prepararme tres o cuatro preguntas. Me pregunté qué querría saber la gente, y supuse que la mayoría de las personas que iban a escuchar la entrevista tampoco se habrían leído el libro.

El secreto de cualquier entrevista es preguntar lo que es obvio. Así pues, le pregunté por qué había escrito el libro, si concurriría a las elecciones presidenciales y cómo se sentía con respecto a las críticas. Asimismo, le pedí que nos contase su mayor impresión de convertirse en senadora de los EE. UU. y su opinión acerca de Monica Lewinski.

Estuvo magnífica y contestó a cada pregunta sin titubear. Para mí fue algo admirable porque Hillary Clinton no tenía idea de lo que le preguntaría ya que no mantuve ninguna conversación previa con ella ni con sus asesores. Aun así, no podría haber estado más espléndida. Los años que estuvo en la línea de fuego frente a los medios de comunicación y la dura lucha por el Senado de los Estados Unidos le habían permitido saber cómo responder a cada pregunta. Estaba preparada. Había considerado de antemano lo que iban a preguntarle los periodistas, así como las respuestas que les daría.

Me siento afortunada por haber vivido estos veinte años de experiencia entrevistando a líderes empresariales, líderes políticos, expertos, famosos y a otras muchas personas interesantes. Estos años como presentadora de noticias me enseñaron cuán intenso puede llegar a ser estar en el punto de mira, y cabe decir que algunos líderes lo llevan mejor que otros.

En este capítulo, te doy algunos consejos para saber estar en el punto de mira, lo cual puede ser de lo más intenso, y no solo si trabajas en televisión. Un director ejecutivo está en el punto de mira cada día. Los consejos de este capítulo están pensados para ayudar a los líderes a estar bajo el foco de atención.

Consejo 1: Espera lo esperado

En 1980, cuando Ted Kennedy anunció que se presentaba a las elecciones, Roger Mudd, en una famosa entrevista, le preguntó: «¿Por qué te presentas a las elecciones?» Kennedy balbució al responder, y las consecuencias fueron nefastas para su candidatura. Uno de los peores errores que puedes cometer es no estar a la altura de las circunstancias.

Cuando estás en el punto de mira, no basta con suponer que estás preparado. No deberías cruzar una puerta o responder a una llamada sin antes tomarte un segundo para pensar. Y no hablo de aquello que resulta más intrincado, sino de lo más obvio. Una de las cuestiones más «difíciles» que debe responder un escritor es: «Háblame de tu libro». Hay que estar siempre preparado para encajar las preguntas más básicas, pues no tendrás una segunda oportunidad. A la gente no le va a importar que desconozcas algún pequeño detalle en particular, pero sí esperan que sepas responder a lo más obvio.

George W. Bush no dio demasiadas ruedas de prensa en su primer mandato, y no siempre estaba tan preparado como hubiese debido. No obstante, aprendió de su trabajo, y cuando comenzó la campaña para su segundo mandato ya le había cogido un poco el tranquillo a hablar ante la prensa. El día después de que John Kerry nombrase a John Edwards como candidato en 2004, un corresponsal de la Casa Blanca preguntó a Bush en qué se distinguía Edwards del vicepresidente Dick Cheney, a lo que contestó: «Dick Cheney podía ser presidente. Siguiente pregunta».

Si te preparas para las preguntas fundamentales, la gente se irá con la impresión de que sabes lo que te haces. Ya sea hablando ante medios de comunicación, juntas de directivos, analistas durante la declaración trimestral o empleados en una reunión anual, en tanto que director ejecutivo no tendrás tregua a la hora de enfrentarte a lo más fundamental. A veces, cuando andamos atareados de atender a una llamada a asistir a una reunión y de asistir a una reunión a dar un discurso, nos olvidamos de que hay que parar a pensar. El único modo de llegar a ser bueno es estar completamente *preparado*.

Consejo 2: Si se te acelera el pulso, es que seguramente estás ante una gran oportunidad

No mucho después de que Jimmy Carter abandonara la Casa Blanca, y estando yo trabajando como presentadora de televisión en Filadelfia, el director de asignaciones me mandó cubrir el discurso que el expresidente estaba dando en una iglesia en Nueva Jersey. Lo que nos interesaba no era el discurso, sino tener la suerte de oír a Jimmy Carter comentar el gran suceso del día. Desafortunadamente, se trataba de algo complicado, ya que este no disponía de tiempo para la prensa ni antes ni después de su discurso. En otras palabras, aquello que tanto esperábamos no iba a suceder.

Los bancos estaban llenos, y mi fotógrafo y yo nos dispusimos a ir colina arriba para instalarnos en la parte posterior, y, desde allí, divisamos a Jimmy Carter, quien estaba custodiado por dos guardaespaldas y ni un periodista alrededor. Estaban a punto de acceder a la iglesia. Sentí cómo se me aceleraba el pulso: la oportunidad me pilló por sorpresa, y yo ni siquiera me había preparado una sola pregunta. Pese a todo, ese era el momento de actuar. Brincamos por la hierba, yo en tacones, y al final conseguimos que el expresidente nos permitiera hacerle una entrevista.

Las oportunidades se presentan, y no puedes permitir que los nervios te pongan freno: puede sucederte tanto dando un discurso en público como sentado para comenzar una importantísima entrevista. Aprovecha tus nervios para llevar a cabo tu cometido aún mejor, aprovecha el momento y deja a un lado el miedo: estás a punto de conseguir algo extraordinario. Si sientes que el corazón te palpita aceleradamente y que tienes las manos sudorosas, quizá te halles ante una gran oportunidad.

Consejo 3: Muévete por el escenario como pez en el agua

Joe Biden tenía garantizada su reelección al Senado de los Estados Unidos cuando todavía no habían finalizado los comicios en 1984. Como las elecciones no estaban reñidas, mi director de asignaciones me envió a Delaware para dar cobertura al discurso de posesión, una tarea sencilla que incluso yo, la periodista novata, podría llevar a cabo sin problemas. Los periodistas de mayor confianza, los que se hacen con los sucesos más importantes, fueron enviados a cubrir los principales puntos de votación de la campaña, donde estaba todo el jolgorio. Como yo todavía era nueva, el productor me dijo que seguramente no tendría que hacer ninguna entrevista en directo, pues tan solo iban a transmitir el discurso de posesión de Biden en el noticiario de las once.

Nuestro equipo se colocó en la tarima asignada a la prensa al fondo de la sala junto con otras cadenas locales. En los puntos de votación, todos los periodistas que habían cubierto las grandes campañas informaban sobre los acontecimientos de la tarde. Sobre las once, se dieron a conocer los resultados. Los productores necesitaban algo más para retransmitir en su noticiario, y en estas Joe Biden sube al escenario principal. El productor de mi cadena ajustó el micrófono interno que usaba para comunicarse con distintos puntos y me dijo: «Intenta grabar a Biden».

Esto suponía un pequeño problema, y es que el senador Biden se encontraba por lo menos a cien metros de donde yo estaba. Una muchedumbre de trescientos cincuenta simpatizantes demócratas se interponía entre el escenario y yo. Tampoco habíamos concertado ninguna entrevista previamente y, a la postre, estaba dando ya rienda suelta a su discurso y en cualquier momento dado iba a desaparecer del escenario.

Bajé de la tarima y me abrí paso entre el gentío, pero aun estando justo al pie del escenario no conseguía captar la atención del senador. Entonces me di cuenta de que mi única esperanza de conseguirlo era subirme al escenario. Actuando como si fuese mi medio natural, me dirigí directa al senador y le llamé la atención por el hombro: «Senador Biden, somos de las noticias del Canal 10. ¿Le importaría que le hiciera unas preguntas en directo? Nuestra cámara está justo ahí».

Igual mi osadía lo pilló por sorpresa, aunque esto no le molestó; de hecho, me agarró él mismo de la mano y me condujo hasta el sector de las cámaras a través de la multitud. Le estábamos grabando en directo para la televisión, y nuestro director no podía estar más contento al ser el nuestro el primer canal en hacerlo —acto seguido, el resto de cadenas hicieron lo propio—. Puesto que fui la primera en entrevistarle, supuso para mí un gran acelerón, y entonces mi jefe empezó a asignarme muchas más coberturas políticas interesantes.

Como director ejecutivo, tienes que moverte por el escenario como si este fuese tu hábitat natural, y por *escenario* debe entenderse dondequiera que vayas, pues el mundo entero es tu escenario. Haciéndolo no vas a dar la impresión de ser un tipo creído y dominante, sino simplemente la de sentirte cómodo y natural. Muéstrales cuán cómodo te sientes ejerciendo este rol. Sentirse cómodo va de la mano con tener confianza en cuanto a liderazgo se refiere. Incluso en situaciones nuevas, haz que la gente se sienta a gusto y darás la impresión de ser un buen líder.

Consejo 4: Ten en cuenta el peor de los casos

El 1 de abril de 1985 aprendí lo difícil que resulta estar preparada para el peor de los casos. Me encontraba en Filadelfia cuando el Villanova derrotó al Georgetown y se hizo con el título de liga universitaria de baloncesto de la NCAA, un partido que las encuestas consideran como el que mayor malestar ha causado en toda la historia de la NCAA. Que nadie se confunda: estuve contenta con la victoria de Villanova. Pero yo, al igual que el resto de la afición, no esperaba *para nada* que ganasen. Y aquello me puso en una situación comprometida.

La noche del partido, nuestro equipo de televisión había habilitado una furgoneta en medio del campus. Mientras se jugaba el partido, nosotros estábamos de lleno en nuestro trabajo. Teníamos puesto el partido dentro, así que pudimos ver el juego del Villanova. Desde la residencia de estudiantes se oían clamores entusiastas; aun así, nunca creímos que el Villanova fuese a ganar. Hasta el último momento, el partido fue un tira y afloja, y cuando ya se escurrían los últimos segundos, los estudiantes empezaron a volcarse fuera de la residencia. Sonó el silbato y el Villanova consiguió su victoria. El equipo revelación lo había logrado.

Sin embargo, ahora empezaba un nuevo partido para nuestro equipo: la muchedumbre se agolpaba a nuestro alrededor, y no había ni guardias de seguridad, ni policía ni ninguna otra cadena de televisión a la vista. El alud humano avanzó hacia nosotros hasta el punto de que nos quedamos pegados contra la furgoneta, y lo único que pudimos hacer fue escurrirnos hasta la parte trasera, desde donde pudimos subir por una escalera. Cuando lo conseguimos, nos preparamos para grabar, pues desde donde nos encontrábamos teníamos una perspectiva fantástica. No obstante, cuando se encendió la luz de nuestra cámara, la muchedumbre enloqueció y empezó a sacudir la furgoneta. De pronto, creímos que íbamos a volcar encima de los estudiantes.

Por suerte, al final no sucedió, y pudimos bajar de la furgoneta sin ningún percance. Entendimos que dar las cosas por hecho te puede traer sorpresas, pero menuda lección nos llevamos. ¿Cómo podemos aplicarlo en nuestro trabajo? Pues teniendo un plan de contingencia. Piensa en lo que podría pasar, valora todas las posibles situaciones, ya que es de suma importancia si alguna vez te ves inmerso en algún aprieto mediático.

Toda empresa debería contar con un plan de contingencia que incluyese los medios de comunicación, el cual debería estipular cuándo, dónde y cómo contactar con tus socios y con los medios. Espero que nunca tengas que aplicar el plan, pero es de lo más tranquilizador saber que se tiene uno. Anticípate a lo peor y espera siempre lo mejor, algún día lo agradecerás.

Consejo 5: La buena noticia es que hay malas noticias

Paula Lyons, una colega mía que fue editora del programa *Good Morning America* de la cadena ABC, nos cuenta la historia de cuando entrevistó a un ejecutivo de General Motors tras una sucesión de malas noticias para la compañía. El panel de control de sus Cadillac ardía en llamas debido, supuestamente, a que la compañía se había olvidado de instalar las tapas de los ceniceros. En lugar de inventar excusas, este ejecutivo admitió el problema y asumió la responsabilidad.

«¿Qué falló durante el montaje?», le preguntó al portavoz, quien respondió: «Alguien metió la pata». Y asunto zanjado. Había respondido a la pregunta con toda sinceridad y sin maquillar la respuesta, y así apaciguó la situación. Durante el resto de la entrevista dejó el tema del error a un lado y se centró en cómo iba General Motors a corregirlo. Mi colega confesó su deseo de que hubiese más gente dispuesta a admitir sus errores y asumir sus consecuencias.

Las malas noticias no dejan de ser malas noticias, aunque pueden tornarse buenas si sabemos cómo manejar el asunto. Saber dar respuesta a las cuestiones más comprometidas puede incluso mejorar la imagen de tu empresa. Si te disculpas, la gente va a aceptar tus errores, pero lo que no toleran es la evitación. Si sabes manejarte cuando eres el foco de atención durante una situación comprometida, causarás una buena impresión.

Como director ejecutivo, eres la persona a la que todo el mundo mira en tales circunstancias, y es que alguien debe hacerse cargo. Si conviertes estas situaciones en oportunidades para tu liderazgo, verás cómo cambias de actitud y esto te ayudará en situaciones de mucha presión.

Por supuesto, a los periodistas les encantan las malas noticias, porque las malas noticias son noticia. Los índices de audiencia se disparan cuando ocurre alguna desgracia, y la gente está pendiente de la tele porque está sucediendo algo y quieren saber de qué se trata. Ya sea una tormenta de nieve o una alerta por terrorismo, los medios de comunicación saben que la gente mirará las noticias para conocer los últimos acontecimientos. En caso de que las malas noticias no sean buenas para tu profesión, siempre puedes aprender cómo afrontarlas y encajarlas de la mejor manera posible, y comunicarlas de forma eficaz.

Como director ejecutivo, puedes moldear las percepciones y devolver el rumbo a tu empresa. En el Capítulo 12 encontrarás más información sobre cómo manejar situaciones de crisis.

Consejo 6: Cuida tu imagen personal

Crecí en una pequeña ciudad del Medio Oeste de los Estados Unidos donde no existía una población demasiado grande de irlandeses, por lo cual el Día de San Patricio no era una gran fiesta para nosotros, incluso diría que no era una fiesta de verdad, aquellas en las que hay desfiles y días festivos como sí sucedía en algunos lugares como Boston. Así pues, nunca me había vestido de verde por San Patricio.

Esto fue un problema el 17 de marzo de 1988 cuando estaba presentando las noticias para la cadena WBZ-TV de Boston. Fui al trabajo con un vestido naranja y, aquella tarde, cuando comenzamos nuestro noticiario de las cinco, los teléfonos del canal no cesaron de sonar. Supuestamente, y sin pretenderlo, había faltado al respeto a miles de irlandeses católicos, para quienes el color naranja resulta ofensivo.

Supe más tarde que el color naranja se asocia con los protestantes de Irlanda del Norte en honor a Guillermo III (William of Orange) de Inglaterra, Escocia e Irlanda, quien, en 1690, derrotó al rey Jacobo II, monarca católico, en la fatídica batalla del Boyne, cerca de Dublín. El verde es el color de los irlandeses nacionalistas católicos del sur —asociados a los tréboles y a los verdes paisajes— y también el de la revolución.

Aquel Día de San Patricio me valió una buena regañina. Cuando finalizó el noticiario y los teléfonos por fin dejaron de sonar, la asistenta de dirección de informativos me llamó a su despacho y me espetó: «¿En qué estabas pensando? ¿Es que acaso no sabes dónde estás? ¡Esto es Boston!»

Tu imagen es importante, al igual que lo es el simbolismo. Debes adaptarte y vestir adecuadamente ahí donde vayas. Tu sensibilidad por saber lo que hay que decir y hacer es algo crucial: vístete adecuadamente, conoce las costumbres y la cultura del lugar; y, si las desconoces, hazte con una guía o pregúntaselo a alguien. Esto es esencial tanto si te vas al extranjero como si cambias de vecindario. Mostrar interés por la gente y sus costumbres es señal de respeto.

La imagen es importante incluso en tu propia «casa». Tu despacho, la sala de conferencias y demás instalaciones forman parte de la imagen corporativa, del mismo modo que tu forma de vestir y tus complementos son importantes: desde tu traje hasta tu maletín, tu bolígrafo y tus zapatos.

Los altos ejecutivos deben entender el lenguaje de la ropa en el mundo de los negocios, por lo cual deben tener un fondo de armario adecuado para cada tipo de evento al que asisten. Tanto si tu despacho es más bien informal como si es formal, tú eres quien sienta las pautas y tienes que actuar acorde con ello. Ser consciente de tu imagen es importante, e incluso si estás acostumbrado a elegir tú mismo la ropa, nunca viene mal la ayuda de un asesor o de un asistente. Dado que este tema es muy personal, raras veces recibirás la opinión honesta de terceras personas en cuanto a tu ropa, y tal vez te digan que les gusta algo de lo que llevas cuando en realidad no lo piensan. La mejor manera de vestir como un director ejecutivo es contar con la ayuda de alguien con buen ojo para la ropa.

Consejo 7: Debes saber cuándo algo es suficiente

En televisión, a veces recibimos a consultores que repasan las grabaciones de algunos programas y te dan consejos sobre cómo mejorar algún aspecto del programa. Una de mis colegas, cuando estaba en directo, usó un término especial para referirse a ellos: les llamó «insultores». Para una persona de su posición no siempre resulta una experiencia agradable, pero debo admitir que a veces los asesores hacen valiosas aportaciones.

Durante una de las observaciones, que fue memorable a la vez que dura, el asesor sugirió que nuestro equipo debería reducir el parloteo. «¿A cuánto tenemos que reducirlo?», le preguntó mi compañero de plató Joe Shortsleeve. «A la mitad», respondió el asesor. Joe y yo nos miramos y rompimos a reír: no teníamos ni idea de que fuésemos tan cansinos. Nos entreteníamos el uno al otro y creíamos que a la audiencia le gustaba escucharnos.

Después de aquello y durante meses, nos echamos unas buenas risas con el consejo del asesor. «A la mitad» se convirtió en nuestro mantra, pero funcionó y al final supimos verlo. ¿Cuál es el mensaje para alguien que está en el foco de atención? Cuando estés en escena, no te dejes llevar por tu propia voz.

Los directores ejecutivos deben saber activar su «editor interno», saber cuándo algo es suficiente. El consejo que les doy a mis clientes es: cuando se llega al punto de preguntarse a uno mismo si estamos hablando demasiado, la respuesta es que probablemente sí. Un director ejecutivo debería saber dar respuestas claras a las preguntas y no incidir demasiado en un asunto o hablar solo porque creemos que el micrófono nos pertenece. Hay que ser respetuoso con el tiempo asignado a cada uno y su capacidad para entender tu punto de vista. No te repitas. Mírales a los ojos y, si ves que los tienen entornados, entonces detente.

Para un líder, cada día significa pasarlo bajo el foco de atención, pero puedes aprender a llevarlo bien si te preparas para ello. Es importante estar preparado para cualquier situación —buena o mala, rutinaria o novedosa— porque tarde o temprano estas llegarán. Sea cual sea la situación, si te muestras seguro de ti mismo y con confianza, preparación y dedicación, tu aptitud como líder brillará por sí sola.

5

Los ocho errores más frecuentes que se cometen ante las cámaras y las audiencias

«Solo aquel orador que esté preparado
merece la autoconfianza».

DALE CARNEGIE, escritor
e instructor estadounidense

En este capítulo vas a aprender de los errores que directores ejecutivos y otros líderes cometieron ante las cámaras y las audiencias. Con estos ocho errores más frecuentes vas a aprender lo hay que evitar cuando todo el mundo tiene puesta la mirada en ti, aunque también te ayudarán a darte cuenta de lo que hay que tener para alcanzar el éxito.

Error 1: Subestimar la importancia de saber hablar en público en tu ámbito profesional

Una ejecutiva de ventas fue ascendida a directora de finanzas. Disponía de un bagaje financiero muy potente y diecisiete años de experiencia a sus espaldas, y se había ganado el respeto como directora ejecutiva por su honestidad y esfuerzo en el trabajo. Sin embargo, al haber pasado muchos años trabajando en el extranjero, no estaba familiarizada con el trato con compañeros estadounidenses.

Durante sus primeras semanas en la empresa norteamericana, tuvo que lidiar con algunos problemas e intentaba pasar desapercibida. No era precisamente de aquellas personas que se hacen notar o que piden ayuda a la primera de cambio. Asimismo, rehuía dar presentaciones y permanecía callada durante las reuniones a no ser que alguien le preguntase algo directamente.

Si bien esta metodología le había funcionado en el pasado, ahora se le iba a girar en su contra. Los líderes más veteranos de esta organización esperaban poder ayudarse mutuamente y compartir información, pero se filtró vía correo electrónico la mala situación operativa de la ejecutiva, lo que hizo que los veteranos solicitaran una reunión con ella. Se fijó una fecha y se le pidió a la ejecutiva que diese una presentación en PowerPoint.

Cuando estás en plena crisis no es el mejor momento para aprender cómo se hace una presentación, y la nueva ejecutiva no solo tenía que preparar las diapositivas y su charla, sino que también tenía que estar preparada para afrontar preguntas intrincadas. Muy acertadamente, decidió pedir ayuda a distintas personas, se preparó y practicó su discurso, y finalmente dio una presentación de lo más decente. Había aprendido una gran lección: «Necesité siete años para darme cuenta», dijo. «Ahora veo que es algo que debería haber aprendido mucho antes».

No esperes más, ya que un día te llegará el turno a ti. Si quieres liderar una compañía, no subestimes nunca la importancia de los discursos públicos, ya que serás juzgado por tu manera de llevar la voz cantante. Y ese día no será seis meses antes de que decidan nombrarte director ejecutivo, sino que tendrá lugar en plena carrera profesional. Debes estar preparado mucho antes de que esto suceda.

Error 2: «Improvisar» discursos, presentaciones o entrevistas importantes

El candidato número uno para tomar el relevo de la dirección ejecutiva de una gran compañía era un jefe de primera división dentro de la misma, y en tres años tendría la oportunidad de tomar las riendas. Había dirigido distintas áreas de la compañía y se había ganado el respeto de sus subordinados, así como el de sus compañeros y jefe.

Un buen día, se le pidió que diera una presentación ante todo el grupo directivo de la compañía. En aquellos momentos, estaba atareado con otros asuntos y no dedicó mucho tiempo a prepararla con el supuesto de que ya hallaría el modo de improvisarla. Era conocedor de todo cuanto podía saberse del mundo de los negocios y a menudo daba charlas a sus empleados. ¿Acaso debía prepararse aquella presentación?

Pues al final su presentación resultó ser insustancial, dispersa e inconexa, y esto molestó al resto del grupo. Era una persona que gustaba a todos, aunque dudaban de si su incapacidad para centrarse en hacer una presentación decente era señal de que no era la persona indicada para el puesto de director ejecutivo. El jefe de Desarrollo Profesional de la compañía lo puso en nuestras manos para que le aconsejásemos, así que probamos con una primera sesión. Tras esta, sin embargo, no paraba de poner excusas para no acudir a una segunda sesión, y no le volvimos a ver más.

El mismo día en que nuestro prometedor ejecutivo había hecho una presentación deplorable, el jefe de otra área había dado un gran discurso. No solo venía con los deberes hechos, sino que además habló con claridad, dio la impresión de ser una persona organizada y respondió a las preguntas sin ningún problema. Un año después, cuando destinaron a nuestro primer ejecutivo a una pequeña filial, el segundo se hizo con el relevo de la compañía. Había sido todo cuestión de una sola presentación. Puede ser injusto, pero así es como funciona el mundo.

Improvisar una presentación es, casi siempre, una malísima idea. No mucha gente es capaz de hacerlo. Incluso si personalmente te sientes cómodo ante una gran audiencia, debes dar una presentación ordenada y con información transparente. No vayas a malinterpretarme: hay situaciones en las que te ves obligado a improvisar. Hay que estar siempre preparado, aunque no se debería dar nunca una presentación formal sin haberla preparado de antemano. Hay que pensar lo que se quiere decir, prepararlo y practicarlo. En tanto que director ejecutivo, la claridad es un punto clave. Ten respeto por tu audiencia y por ti mismo, y prepara tu discurso a conciencia antes de subirte a una tarima.

Error 3: Dejarlo todo en manos de un redactor de discursos

Cuando un ejecutivo de Wall Street se convirtió en presidente de su facultad, contrató a una buena redactora de discursos para unirse a su equipo, cuyo primer encargo fue la redacción del discurso inaugural del nuevo presidente ante la facultad, alumnos y exalumnos, familia y amigos. Con este discurso no solo daría el pistoletazo de salida al nuevo semestre, sino que también aportaría una nueva línea que seguir para la facultad. Al no ser una persona académica tradicional, su discurso tenía aún más importancia.

La primera versión del discurso fue una buena retrospectiva de la historia y la tradición de la universidad. La redactora había hecho un trabajo excelente al señalar todas las condecoraciones que poseía el centro, sus fortalezas y sus hojas de ruta para su futuro desarrollo. No obstante, cuando nos sentamos a escuchar al presidente leer el discurso, tanto la redactora como yo nos dimos cuenta de que algo fallaba. Y lo que fallaba era el propio presidente. Estaba leyendo un discurso que no era el suyo. No explicó por qué estaba ahí, qué le hizo tomar tal decisión o cuáles eran sus razones personales para asumir un puesto de tal importancia.

La redactora y yo decidimos volver al despacho, poner en marcha la grabadora y entrevistar al presidente. Entre las cosas que pudimos ver fue que, pese a haberse licenciado en la universidad y pasar a trabajar para la junta, nunca fue un estudiante de sobresalientes. De hecho, bromeaba con que había sido un ejemplar estudiante promedio.

Valoramos que este hecho personal no era superfluo, sino que podía usarlo para conectar con la audiencia. Dar con su faceta más humilde y chistosa nos ayudó a reformular su discurso inaugural. No pretendíamos esconder el hecho de que no era ningún académico, sino que íbamos a recalcarlo para conectar con la audiencia sin que dejase de ser él mismo. Aquí tienes un fragmento del discurso:

«Si miro a mi alrededor puedo ver muchas caras conocidas, incluso viejos amigos de hace cuarenta años cuando todavía no me había licenciado. A algunos de vosotros os debe sorprender que esté yo aquí dando un discurso como presidente. De hecho, el Comité de Selección llamó al delegado y último miembro de la facultad de mis años estudiantiles y pudieron confirmar que me había licenciado con buenas notas. Supongo que ya os habrán contado que yo estaba entre aquella mitad de estudiantes que mejores notas sacaba».

Si dejas tu discurso completamente en manos del redactor, debes saber que ni el mejor redactor del mundo sabrá reflejar en él tu esencia personal. Se requieren muchos años trabajando juntos para que un redactor pueda preparar bien tu discurso de arriba abajo. Tu discurso debe transmitir quién eres, lo cual significa tener que trabajar mano a mano con tu redactor; no puedes esperar que este redacte un discurso excelente por arte de magia sin tu ayuda.

Si puedes contratar a un buen redactor de discursos, hazlo. Los buenos redactores son de gran valor. Todo director ejecutivo necesita alguien dentro o fuera de la organización para echarle una mano con el gran volumen de presentaciones de su agenda. Sería conveniente encontrar a alguien con una forma de pensar similar a la tuya y capaz de comprender tu filosofía y tus valores, así como tu ritmo y tu modo único de expresión. Aunque siempre lograrás mejores discursos si trabajas mano a mano con el redactor para elaborar un discurso personal. Vale la pena que pronuncies un discurso que sientas tuyo sin esperar a que sean otros quienes lo hagan por ti. Sé abierto. Responde a las preguntas. Ofrece ideas. Involúcrate. Conseguirás aquello que más mereces: un discurso que parezca salido de tu interior.

Error 4: No responder a las preguntas

En 2002, en un enardecido debate con su oponente republicano para el mandato del estado de Massachusetts, la demócrata Shannon O'Brien volvió loca a su audiencia... y no precisamente en sentido positivo. Tal y como informó el periódico *Boston Globe*: «O'Brien parecía no ser capaz o no querer contestar a las preguntas sobre si, en caso de ser elegida, vetaría un gran aumento de impuestos». Los periódicos usaron citas de votantes que estaban viendo las pantallas de televisión junto con los periodistas, y estaban exasperados: «¡Pero si no quiere contestar!», dijo ante la pantalla Todd King, un trabajador biotécnico recientemente despedido. «Todavía no ha contestado ni a una sola pregunta», añadió Heather Lee, de veintisiete años y del Partido Libertario. «¡Y sigue sin responder!», exclamó King minutos más tarde.

Por el contrario, los votantes indecisos dijeron que su rival, Mitt Romney, había respondido a todas las preguntas y que, según uno de ellos, «todos los trapos sucios que O'Brien sacó, Romney los barrió en un momento». Los sondeos empezaron a invertirse a partir de aquel debate, y el republicano Mitt Romney ganó las elecciones pese a que la inmensa mayoría de votantes de Massachusetts son liberales y tienden a decantarse por los demócratas o los independientes.

Siempre tienes que contestar a las preguntas, responderlas honestamente, incluso cuando la respuesta no agrade a todos. La honestidad es esencial para el liderazgo, tanto si estás al mando de un departamento como de una compañía. Enfréntate a aquellas preguntas más complicadas, gánate el respeto de la audiencia, incluso sabiendo que están en desacuerdo contigo.

Una de las mejores frases del cine, y también una de las más citadas, es la que dijo el coronel Nathan Jessup, interpretado por Jack Nicholson, en la película *Algunos hombres buenos*: «Tú no puedes encajar la verdad». Con todos mis respetos, discrepo. La gente puede encajar la verdad. No responder a las preguntas te conducirá ineludiblemente a salir mal parado de la situación.

Error 5: Olvidarse de la audiencia

«Cuando la gente nos mira, debe saber que somos merecedores del tiempo que nos dedica».

FLORENCE LITTAUER, orador profesional

Fui llamada a la selección para formar parte del jurado un primero de mayo, es decir, el Día Nacional de la Justicia. El oficial del juzgado dio unas breves instrucciones a los aspirantes durante el proceso de selección y acto seguido nos condujeron a una gran sala al otro lado de la calle. Tenían lugar las ceremonias del Día de la Justicia, y nos vimos sin otra opción: teníamos que asistir. Cuando entramos nos dimos cuenta de que había muy pocos asientos libres porque también asistían «invitados de honor» y estudiantes. Al final, nos trajeron sillas extras para doscientas personas y nos sentamos al fondo de la sala. Un secretario del tribunal incluso me invitó a permanecer de pie durante la hora siguiente, pero yo insistí en sentarme.

La ceremonia se prolongó durante noventa minutos. El presidente del tribunal, los miembros del Comité del Día de la Justicia, el presidente de la Comisión de Medios y Arbitrios del Senado, así como todos los demás, tuvieron su turno para ensalzar la importancia del Día de la Justicia. Todos y cada uno de los que hablaron dieron su agradecimiento a los asistentes —jueces, legisladores, dirigentes y estudiantes— menos a nosotros. No nos mencionó ni tan siquiera una persona. Mientras que todos aquellos que habían recibido los agradecimientos eran o bien estudiantes o bien personas que cobraban por estar ahí, los aspirantes a miembros del jurado éramos trabajadores y ciudadanos que habíamos decidido entregar un instante de nuestro tiempo profesional o personal para asistir ahí y ni una sola persona tuvo la deferencia de darnos las gracias.

No se puede hablar sin mostrar un poco de respeto. Nunca, y repito, nunca, debes olvidarte de la audiencia, pues se trata de personas que han sacrificado su tiempo para estar ahí y escucharte hablar, y nunca vas a poder devolverles este tiempo. Lo que buenamente puedes hacer es agradecerles que te hayan dedicado su tiempo y hacer que este haya valido la pena. Como orador, tienes la obligación de aprovechar el tiempo que te ha dedicado la audiencia.

Tenla presente. Tanto si debes hablar ante compañeros, clientes o empleados, tenlos en cuenta antes de empezar a redactar tu discurso. En cuanto a los empleados, recuerda que la compañía les paga por estar ahí y este tiempo es, entonces, de gran valor. Cuando malgastas el tiempo de tus empleados, también malgastas *tus* recursos, y esto no te lo puedes permitir.

La mejor manera de tener presente a la audiencia es descubrir lo que les gustaría oír. Haz una llamada, habla con gente que conozca a la audiencia y piensa cómo puedes hacer que tu discurso les sea de utilidad. Trabaja en ello y la gente te valorará por saber apreciar a tu audiencia y hacer de tu discurso algo que merezca la pena.

Error 6: No saber contestar a las preguntas obvias

Como hemos visto en el Capítulo 4, Ted Kennedy echó a perder la entrevista de su campaña electoral cuando Roger Mudd le preguntó por qué se presentaba para la presidencia.

Hay muchísimas personas que no están preparadas para encajar la primera pregunta obvia que les hacen. Como presentadora de televisión, a menudo empezaba las entrevistas con preguntas como: «Hábleme de su libro», y entonces podía ver cómo los expertos en la materia titubeaban al responder.

Tienes que estar preparado para las preguntas más simples y obvias. Piensa en cuáles podrían ser y prepara la respuesta para empezar así con buen pie. También podrías disponer de alguien que te recuerde cuáles serán las preguntas más obvias, alguien que conozca a la audiencia y a los medios de comunicación. Luego, una vez tengas en mente estas preguntas, piensa una respuesta acertada. Da una respuesta simple, que no hastíe a la audiencia con muchos detalles. A nadie le interesa saber cómo se fabrica un reloj, sino que lo importante es saber que funciona. Si estás preparado para las preguntas sencillas, también sabrás dar una mejor respuesta a las más complicadas.

Error 7: No saber cuándo apostar y cuándo retirarse

> «Sé sincero, sé breve, toma asiento».
>
> Franklin D. Roosevelt,
> trigésimo segundo presidente de los EE. UU.

Cuando Teresa Heinz Kerry se encontraba apoyando a su marido John Kerry en plena campaña electoral, la invitaron a recoger el premio de una organización política de mujeres. Sus asistentes personales le reiteraron que, por parte de la organización, esperaban un discurso breve, no más de siete u ocho minutos. En la ceremonia de entrega saldrían a hablar seis galardonados más, habría un acto de bienvenida y una cena, en la que ella debía hablar. Pero sus asistentes personales temían, tal y como le habían advertido, que Teresa Heinz Kerry diera uno de sus largos discursos.

Como era de esperar, y a pesar de las advertencias de su personal, salió al estrado cuando eran más de las 20.30 de una noche entre semana y habló durante cuarenta minutos. En su discurso, que fue algo disperso y entorpecido por frases medio susurradas y mechones de pelo que le caían por la cara, se atisbaban destellos de temas interesantes, aunque nunca llegó a centrarse en ninguno de ellos. El público prácticamente salía por patas. En la sala estaba la prensa, desafortunadamente para el personal de Heinz Kerry. A continuación, se transcribe un fragmento del *Boston Herald*:

«¿Qué solución tiene un caso como el de Teresa? Hablamos, por supuesto, de Teresa Heinz, quien anhela llegar a ser primera dama y quien, una vez más, se excedió en su cometido y quien, una vez más, dio un discurso disperso y estrambótico.

"Se me hizo eterno, confuso y carente de sentido", dijo una joven que guardaba conexiones políticas con ella. "Y fue demasiado técnico para un discurso de cena. ¿A qué venían los nombres de los medicamentos en latín? Hubo un éxodo de personas antes de llegar al postre."

Qué audiencia más temeraria, ¡pero si había espuma de chocolate en el menú!»

Nada que reprochar a Kenny Rogers, que canta en la película *The Gambler*: «Hay que saber cuándo apostar y cuándo retirarse». Hay pocas cosas más fastidiosas que un orador que no sabe cuándo detenerse. Nadie quiere escuchar a un orador tedioso e incapaz de darse cuenta de cuándo parar. Y esto es lo que la gente explicará sobre ti.

¿Pero cómo saber cuándo hay que parar? Primero, cronometra el tiempo de tu discurso de pie y recitándolo en vez de leerlo en voz alta estando sentado, ya que esto último supone menos tiempo. Cuando entres en escena, debes estar listo para improvisar. Sintoniza con la audiencia. Si tu sexto sentido te dice que has estado hablando más tiempo de lo debido, seguramente esté en lo cierto. Estate atento por si alguien se acerca a la tarima y empieza a hacerte señales. En caso de que des un discurso demasiado corto, serán pocos los que te critiquen por ello.

Error 8: Dejar el humor de lado

El humor y el chiste son parte integral de hablar en público para los directores ejecutivos. Con ello se consigue que la audiencia se relaje a la par que te da la oportunidad de conectar con esta de tú a tú. La audiencia no espera que seas David Letterman; simplemente da tu charla de forma entretenida y conecta con la gente.

Ya que hablamos de David Letterman os voy a contar su gran fórmula: el «Top Diez». Año tras año, muchos oradores toman prestada su lista y la adaptan a su temática, lo que es perfectamente aceptable.

Tomar prestadas técnicas ajenas no tiene nada de malo, en especial si no eres un humorista profesional. El mejor tipo de humor es el que es original, aunque tampoco debes forzarlo. Seguidamente puedes ver un ejemplo de la técnica del «Top Diez» de David Letterman para arrancar una reunión con 1.200 mujeres de negocios. Yo era la maestra de ceremonias, y la oradora principal era Ann Moore, directora ejecutiva de la corporación Time, Inc. El patrocinador era Bank of America, representado por Anne Finucane. La persona galardonada era Nancy Connolly. Los factores que hemos mencionado son importantes a medida que avanzas en el Top Diez «personalizado».

Top Diez, razones por las que no deberías perderte el «Desayuno de campeones»:

10. A esta hora, el trayecto hasta Boston es igualito a como solía ser en 1953.
9. Es superior a cualquier estado caótico en el que pueda estar tu casa en este instante.
8. Primer momento que tienes en tres meses y medio de *sentarte* y tomarte un desayuno como es debido.
7. Excusa para dar a tu jefe: «Voy a llegar después de las diez esta mañana».
6. Oportunidad de ver la cara que tienen mujeres como Ann Moore, Anne Finucane y Nancy Connolly a las siete de la mañana.
5. Dos palabras: haz contactos.
4. Tanto café como quieras.
3. Necesidad imperiosa de descubrir cómo levantar y liderar una compañía multibillonaria.
2. Sentirse mejor al observar al resto de comensales y darte cuenta de que no eres la única que no ha tenido tiempo de hacerse la manicura.
1. Qué demonios, ¡es viernes!

Hablar viene a ser algo así como las carreras de caballos: tienes que hacer una buena salida. Y no te olvides del sentido del humor. No es que tengas que estar graciosísimo, pero a la audiencia le gusta reírse y pasar un buen rato. Que no te dé miedo darle una oportunidad a tu sentido del humor.

Por suerte para ti, ¡los errores que se detallan en este capítulo ya los ha cometido alguien antes! Ahora tú tienes la oportunidad de aprender de ellos. Pero ten muy presente que nadie es perfecto y que todos podemos cometer errores. La clave está en identificar lo que cada uno de estos nos enseña. No hay que ser perfecto para conseguirlo, aunque sí hay que estar preparado.

6

La grieta de la autenticidad: por qué hay que sacar el yo real

«Aquello por lo que todos luchamos
es nuestra autenticidad,
la conexión interpersonal».

Oprah Winfrey,
presentadora de televisión

Jack Welch revolucionó la cultura de General Electric y devino uno de los directores ejecutivos más admirados del mundo, y gran parte de su éxito radica en que la gente le consideraba como una persona auténtica. Welch se crio junto a su padre, un maquinista de descendencia irlandesa, y era conocido por ser tremendamente franco y honesto. En su autobiografía, *Hablando claro*, Welch relata que, cuando fue ascendido, comulgaba con las reglas corporativas. Como vicepresidente recién nombrado, se presentó a una de sus primeras reuniones directivas vestido con un traje azul perfectamente planchado, una camisa blanca almidonada y una corbata roja inmaculada. Un viejo compañero suyo se le acercó una vez finalizada la reunión y, mientras le palpaba su traje perfectamente tallado a medida, le dijo: «Jack, este no eres tú. Estabas mucho mejor cuando eras simplemente tú mismo».

Qué significa ser auténtico

«*El secreto del éxito es la honestidad. Cuando consigues simularla, ya lo tienes todo hecho*».

JEAN GIRAUDOUX, novelista,
dramaturgo y diplomático francés

Jean Giraudoux tenía un punto de vista realmente cínico. Tal y como dijo Abraham Lincoln: «Puedes engañar a todo el mundo algún tiempo, puedes engañar a algunos todo el tiempo, pero no puedes engañar a todo el mundo todo el tiempo».

¿Y quién querría pretender tal cosa? Nunca acabarás por conseguirlo del todo, de ninguna manera. Conlleva demasiado esfuerzo, y a la gente no le falta intuición. «No se puede aparentar ser honesto», dice Arnold Zetcher, director ejecutivo de Talbots. «La gente sabe ver si eres tú mismo o no».

Busca la palabra *auténtico* en el diccionario de la RAE y encontrarás: «Consecuente consigo mismo, que se muestra tal y como es». Al autentificar algo, como por ejemplo un cuadro o una antigüedad, estás certificando que existen evidencias de originalidad y de valor. Los líderes auténticos proyectan su propia genuinidad sin temer a mostrarle a la gente quiénes son realmente.

«Incluso el mejor de los directores ejecutivos encuentra dificultades ante una audiencia», dice Peter Rollins, anfitrión de la pasada cena de negocios del Chief Executive Club del Boston College. La organización cuenta con directores ejecutivos de primera fila como Ted Turner, Richard Branson y Peter Lynch. «Puede que suene a tópico, pero la única forma de ser auténtico es ser tú mismo, siempre y cuando uno se sienta satisfecho consigo mismo. En lugar de ir por ahí interpretando un papel, lo mejor es ser tú mismo», recuerda Rollins.

La grieta de la autenticidad

Los líderes que no saben ser ellos mismos delante de una audiencia tienen una grieta en su autenticidad. Y eso es un gran problema para un líder. Si ni pareces ni suenas genuino, la gente lo nota y tiende a no dar crédito a tus palabras.

La grieta de la autenticidad provoca una desconexión entre el líder y la audiencia. La gente no confía en lo que este dice, así que para el líder construir puentes es una difícil tarea. La gente que no parece del todo genuina no suele gustar a los demás o les causa desconfianza.

¿Cómo se puede sellar esta grieta? Si eres de Texas, hablas como la gente de Texas. Si eres el director ejecutivo de un banco, llevas un traje de director. Si eres una persona con mucho apego a la familia, decoras tu escritorio con fotos de tus hijos. No existe fórmula alguna, lo que debes hacer es simplemente dejar proyectar algo de tu verdadera persona.

Cada director ejecutivo tiene una historia y una personalidad distintas. La autenticidad es dejar que las personas vean tanto esta historia como este personaje, y para ello debes ser coherente. Tienes que dejarles ver siempre lo mismo, no deberías ser camaleónico y adaptar tu personalidad según la audiencia. Lo único que necesitas adaptar a esta audiencia es tu mensaje según sus intereses.

El mejor consejo para cualquier situación es que seas tú mismo. Si eres de soltar carcajadas, entonces ríete. Si te gusta llevar mocasines chillones, póntelos. Si prefieres el *squash* al golf, no vayas a jugar al golf. Ser tú mismo es algo que siempre funciona. Intentar ser otro no funciona nunca. Para ser auténtico, tienes que proyectar toda tu personalidad en el rol de director ejecutivo.

Asimismo, resulta de gran ayuda dar tu toque personal a las cosas. Tu despacho, tu traje, tu modo de recibir invitados o de preparar un evento, debería llevar tu sello personal. Si te vas a comprar un escritorio, personalízalo a tu gusto. Si te gustan las barbacoas, propón hacer una con tus invitados. La autenticidad reside en hacer honor a tu naturaleza única y compartirla con los demás.

Un director ejecutivo dijo una vez: «Lo que a mí me funciona es tener mis cosas distribuidas por mi despacho: fotos de familia y miniaturas de coches encima de los archivadores, porque la gente sabe que me encanta la NASCAR... Si la gente conoce cosas sobre ti, tienen la sensación de que eres alguien genuino, lo cual aumenta la credibilidad de todo lo que haces».

> *«Nuestra personalidad es aquello que hacemos cuando creemos que nadie nos mira».*
>
> H. JACKSON BROWN JR., autor de *Pequeño libro de instrucciones para la vida.*

Lo que piensa en realidad la gente

¿Te has fijado que muchas veces la gente no dice lo que realmente piensa? Una vez estaba subiendo en ascensor para asistir a una cena de gala en el centro de la ciudad y a mi lado había un hombre de negocios bien vestido que parecía rondar los sesenta años. Una mujer joven con unos pantalones extremadamente ceñidos, tacones de diez centímetros y una blusa escotada de color rojo se subió en una planta a medio camino. El hombre le dedicó una sonrisa. «¡Qué conjunto tan bonito llevas!», le dijo. Ella le contestó con una gran sonrisa. Sin embargo, al bajar ella en la planta siguiente y tras cerrarse las puertas del ascensor, se giró hacia mí con una mirada afligida. «No lo decía en serio», me confesó. «Parecía una golfa. ¿Cómo puede una mujer ir vestida de esta manera en un centro de negocios?»

Rara vez la gente dice lo que realmente piensa, a no ser que insistas en ello. Cuando como jefe acabas de dar una presentación, alguien te dirá: «Ha sido una presentación excelente», aunque luego vayan todos a despotricar a sus espaldas tan pronto como hayas puesto un pie fuera de la sala. La gente no se va a arriesgar a ser sincera a no ser que esto le beneficie en algo. Por lo tanto, si quieres saber lo que piensa la gente en realidad, debes preguntárselo y hacerles ver que quieres que sean sinceros.

Los resultados de nuestra investigación mostraron que existen ciertos comportamientos y cualidades asociados a la genuinidad, entre los cuales encontramos la capacidad para compartir información personal, incluyendo retos que hemos afrontado, nuestras raíces, intereses, así como nuestros valores y creencias. La honradez y la coherencia son también cualidades importantes. El resto del capítulo ofrece ideas acerca de las cualidades y los comportamientos que hacen de un director ejecutivo alguien auténtico.

Comparte tus creencias

«Lo verdaderamente auténtico es aquello que uno cree», dice John Hamill, presidente y director ejecutivo del Sovereign Bank de Nueva Inglaterra. «Pienso que lo fundamental es cuando sientes entusiasmo por lo que dices. No se trata tan solo de la idea, sino de la emoción de esta, la que hace que consigas lo que buscas».

La audiencia nota cuándo dices lo que realmente crees, y cuándo crees en lo que dices. Todo esfuerzo será en vano si no dices lo que realmente crees.

Como vimos en el Capítulo 2, el senador John McCain es un ejemplo inusual de político que dice lo que piensa sin preocuparse del apoyo popular que pueda conseguir. Rara vez dice las cosas para contentar a los demás, simplemente habla sin tapujos. Su franqueza le ha valido un gran respeto. La capacidad de McCain de decir la verdad le ha ayudado a amistarse con muchas personas de ambos partidos, y esta probablemente sea la razón por la que ha participado en los proyectos de muchas leyes bipartidistas. Se rumoreaba que tanto el presidente Bush, republicano, como el senador John Kerry, demócrata, le pidieron a McCain unirse a sus filas en 2004. Incluso aquellos estadounidenses que no están de acuerdo con las políticas de McCain han manifestado su deseo de que hubiese más políticos como él.

¿En qué crees tú realmente y qué es lo que te apasiona de verdad? Una vez al año no te vendría mal dedicar un poco de tiempo a anotar aquello que de veras es importante para ti. Tus creencias son lo que hay dentro de ti, y cuando muestras a la gente tus pensamientos más internos, ganas amigos y das confianza. Compartir tus creencias es una de las cosas más genuinas que puedas hacer.

Habla sobre tus valores

Antes hemos hablado también de Mitt Romney, republicano, inversor de capital y mormón que se convirtió en gobernador de la tradicionalmente demócrata Massachusetts. ¿Cómo consiguió Romney ganar en Massachusetts? Pues habló sobre sus valores, y así conectó con los valores de los votantes.

Romney prometió ajustar los presupuestos durante una crisis financiera, y así lo hizo, pese a las protestas de gran parte de la asamblea legislativa demócrata. Ante las constantes noticias negativas de los periódicos y las críticas de alcaldes, sheriffs y gobernadores locales, Romney nunca se desvió de la disciplina fiscal. Siguió hablando sobre sus valores. Al periodista de una revista le dijo: «No me preocupa gustar a los demás. Lo más importante en la vida no es gustarles. Lo más importante es ser fiel a quien realmente eres».

Compartir tus valores es un método infalible para construir puentes. La gente prefiere a un líder que tenga el coraje de dar su opinión personal a un líder que dice siempre aquello que la gente desea oír. Esto es así tanto en la política como en los negocios, y es muy simple: comparte tus valores y actúa acorde a estos, y de este modo los demás te tendrán respeto y estarán convencidos de tu genuinidad.

Sé honesto

Colin Powell se ha ganado a presidentes y líderes mundiales con sus palabras honestas y sin rodeos. Se ganó pronto el calificativo de líder gracias a su reputación como persona honrada. Unos años antes de convertirse en secretario de Estado, Powell dio un consejo incuestionable en cuanto a emprender acciones contra Manuel Noriega en 1989, idea que barajaba el entonces presidente George H. W. Bush: «Tenemos que derrocar a Noriega, ocupar las fuerzas de defensa panameñas y restaurar la democracia». Desde siempre, todas las administraciones saben que Colin Powell dará su opinión más sincera.

La honradez es imprescindible para el liderazgo. Debes decir siempre lo que verdaderamente piensas, dar tu opinión sin endulzar tus palabras y calificativos. La verdad es la base de la autenticidad, y la verdad precisa de franqueza. Los líderes saben cuándo y cómo ser francos, y nunca le dan la espalda.

Revela tus retos profesionales

Judy George, fundadora y directora ejecutiva de la empresa Domain, aprendió lo importante que es explicar tus retos profesionales ante la audiencia. En las presentaciones de sus libros, pudo comprobar que «la gente quiere saber sobre tus propósitos». «No creo que a la gente le guste escuchar "charlas"», dijo Judy. «La gente quiere que les cuentes sobre tus errores y sobre los posteriores éxitos que siguieron a esos dolorosos periodos».

¿Por qué es importante compartir estos detalles? ¿Para qué queremos poner en riesgo nuestra propia vulnerabilidad? Tal y como nos explica Judy: «Ante sus ojos, te conviertes en una persona auténtica cuando eres capaz de relatar con todo detalle las lecciones que aprendiste en tu camino. No se trata de ser un gran orador. Yo, cuando escucho hablar a alguien, quiero que me inspire, quiero saberlo todo sobre esa persona para reflexionar sobre el ejemplo y aplicarlo a mi vida».

Sé coherente

La campaña presidencial de Howard Dean marchaba sobre ruedas hasta un nefasto día de 2004 en Iowa. Tras perder las primarias, dio un discurso que llamó «Tengo un grito», el cual mostró al verdadero Howard Dean. El discurso había sido incoherente con la impresión que tenían los votantes de este gobernador y médico, que había mostrado entusiasmo, pero no ira. La noche después de su discurso, tuve la ocasión de ser entrevistada como parte del grupo de analistas cuyo tema era «¿Qué va a pasar ahora con Howard Dean?». Aquella noche, tres de los analistas coincidimos en que todo había acabado para él. Dean nuca iba a reponerse. «Pero si Dean está arrasando con su campaña. ¿No creéis que va a salirse de esta?», el presentador insistía reiteradamente. Negamos con la cabeza: «Imposible», dijo uno de mis colegas. «Con un discurso como ese... estás acabado».

La incoherencia es el talón de Aquiles de un líder político, y los grandes empresarios pueden aprender de estos errores. También Al Gore fue víctima de la incoherencia, y los votantes ya no sabían quién era él en realidad. Los familiares y amigos de Al Gore insistían en que era un tipo afable y divertido, aunque al público le parecía más bien inexpresivo y seco. Cuando en 2004 volvió a tantear brevemente el terreno, la confusión no hizo más que seguir: se había dejado barba y no paraba de dar puñetazos al estrado.

Cuando la gente ve algo significativamente «diferente» sobre alguien, tienden a cuestionarse todo lo que creen saber acerca de esa persona. Debes ser coherente, pues la coherencia es reconfortante. El mundo es demasiado impredecible, así que los líderes no deberían serlo.

Comparte

En calidad de director ejecutivo, ¿qué es lo más apropiado para compartir con los demás? Por supuesto, lo que no quieres es incomodar a la gente, pero, más allá de esto, habrá cosas que sí deberás poder compartir. Esto significa que no tienes que ser solo un director ejecutivo, sino también una persona. Tienes que compartir algo sobre ti independientemente de quién seas en el trabajo.

La vida en la empresa puede llegar a consumirte, y las duras exigencias nos quitan tiempo para dedicarnos a nosotros. Es por ello que es tan importante conectar con uno mismo, y esto ya no va de ser auténtico o no, sino de tener una vida personal saludable. Tanto la familia como los amigos, tus intereses, viajar, el ocio, tus aficiones y deportes son todos importantes. Cuando *vives* la vida, no eres tan solo una persona mejor, sino también alguien con quien los demás pueden conectar y a quien quieren conocer.

Los directores ejecutivos que le dedican tiempo a su familia y amigos, a las actividades de ocio, vacaciones, deportes, a sus aficiones y al placer, son capaces de conectar con los demás. Un director ejecutivo que concurría para concejal en su ciudad consiguió la victoria. No disponía de demasiado tiempo libre, pero aun así se presentó. Quienes mejor le conocen dicen que lo hizo porque es una persona que cree ciegamente en la familia, en la comunidad y en vivir una vida plena. Este aspecto realzó aún más la admiración de la gente.

Vivir la vida no es un proyecto de tres meses. Es un viaje. Dedícale tiempo a dejar entrar a gente en tu vida, ya sean viejos conocidos o personas nuevas. Mantén el contacto con tus amigos. Conoce gente nueva. Visita nuevos lugares. Bájate de la cinta transportadora y relájate. Haz una lista de cosas que te gustaría hacer antes de morir, y empieza a hacerlas. Comparte con los demás lo que sea que hagas.

Aprecia tus raíces

Otro modo de conectar con los demás de una manera auténtica es haciendo honor a tus raíces, ser aquella persona que siempre has sido. Eres el producto de tu ciudad natal, de tu familia, de tu círculo de amigos, de las escuelas, de tus anteriores trabajos, de los lugares en los que has vivido. Si le das la espalda a todo esto, pierdes contacto con una parte integral de ti mismo. Es por esto que, de vez en cuando, conviene que reconectes con las personas y los lugares que conoces.

Hace poco fui a una reunión de antiguos alumnos del instituto y me lo pasé en grande. A pesar de que no veía a mis viejos compañeros de clase desde hacía diez años, me hicieron recordar lo bien que me lo había pasado en el instituto. No sé si alguna vez he llegado a apreciar tanto como aprecio ahora que soy más mayor el hecho de haber crecido en una pequeña ciudad del mediooeste de los EE. UU. No era un lugar idílico, pero ¿acaso alguien ha tenido una infancia idílica? Sean cuales fueren las circunstancias, esta gente y mi experiencia local moldearon la persona que soy ahora.

Mantener el contacto con las personas y los lugares que han pasado por tu vida es una forma maravillosa de redescubrirte. Te ayuda a entenderte a ti mismo, así como a conectar con las demás personas de una forma auténtica.

Diviértete

Uno de los mejores oradores que he oído nunca es Richard Branson, director ejecutivo de Virgin Management Ltd. Su exuberante personaje inunda la sala, y a la audiencia le encantan las anécdotas de su trabajo y las historias de su vida personal. Desde competir en carreras de globos aerostáticos hasta fundar su propia aerolínea y otras compañías, Branson es un enamorado de la vida, una de las razones que lo ha conducido hasta el éxito. A la gente le atrae el humor. «Era un gran placer trabajar con Richard Branson», dice Peter Rollins, miembro del Chief Executive Club del Boston College. «Me fijé en la cola que hacían los directores ejecutivos para pedirle un autógrafo después de su discurso». Al igual que con todo lo demás, Branson hace que sus discursos sean divertidos. No hay duda de que se lo pasa genial contando historias y hablando con la gente.

La diversión es una de las mejores maneras para conectar de una forma genuina. No tienes por qué competir en carreras de globos aerostáticos para pasártelo bien y compartirlo con los demás. Divirtiéndote atraes hacia ti a otras personas que también saben cómo pasarlo bien: empleados, colegas, asesores, inversores y todas aquellas personas importantes en tu trabajo. Lo creas o no, ¡no has venido al mundo solo para trabajar! Estás aquí para descubrirte a ti mismo y para conectar con los demás, y todo esto puedes hacerlo simultáneamente tan solo divirtiéndote más.

Recuerda, los líderes son auténticos solo cuando proyectan cualidades genuinas y honestas que hacen ver a la gente qué tipo de persona son en realidad. Cuando valoras tu naturaleza única y la compartes con los demás, estás creando lazos de gran valor. Así pues, no tengas miedo de mostrar una parte de la persona que eres, ya que con tu autenticidad te ganarás la confianza y el respeto de tus compañeros, clientes, audiencia y empleados.

7

Introspección: cómo realzar tus aptitudes

«Lo principal no es marcarse un objetivo,
sino cómo alcanzarlo y cómo ceñirse al plan».

Tom Landry, exentrenador
de los Dallas Cowboys

La introspección es un primer paso vital para tu plan de acción. Puedes aprender a hablar bien, pero primero debes saber cuán bien hablas. Hacer balance de tus aptitudes te ayudará a delimitar dónde te encuentras y hasta dónde quieres llegar. Como dijo Tom Landry, marcarse un objetivo no es lo principal, sino establecer cómo alcanzarlo, y a tal efecto debes evaluar tu situación.

Así pues, es hora de hacer balance de tus capacidades comunicativas. ¿Qué valor añadido te proporcionan? ¿Qué cosas haces bien y qué aspectos te gustaría mejorar? Todos somos diferentes, y cada uno de nosotros tenemos nuestros puntos fuertes y nuestros puntos débiles. Todas las personas a las que he asesorado tenían una fortaleza u otra. Es fundamental reconocer cuáles son nuestros puntos fuertes y mantenerlos al tiempo que pulimos las flaquezas que hayamos podido identificar. La técnica de los seis pasos que ofrece el presente capítulo te ayudará a descubrir ambos aspectos en ti.

El propósito de la técnica de los seis pasos es el de crear una hoja de balances con tus puntos fuertes por un lado y los aspectos que mejorar por el otro. Esta hoja de balance te dará una perspectiva general. Una vez hayas realizado tu autoevaluación, podrás empezar a crear tu plan de acción personal.

Las razones para aplicar la técnica de los seis pasos

La técnica de los seis pasos puede parecer una tarea interminable y quizás innecesaria. Puede que te apetezca saltarte este capítulo y pasar directamente al trabajo. Pero te invito a que le dediques un poquito de tiempo a este proceso para que puedas apreciar plenamente tu estilo comunicativo.

Hace ya algunos años me apunté a un curso para hablar en público. Pese a que había trabajado como presentadora de televisión durante veinte años y tuve la ocasión de presentar ceremonias y dar discursos a lo largo de todo ese tiempo, sabía que aún me quedaba mucho por aprender. Mis discursos eran apagados y no sabía cómo mejorarlos, así que decidí apuntarme al curso.

Cuando entré en el aula, me fijé en que el instructor había puesto una videocámara en una de las esquinas. Me empezó a latir más deprisa el corazón y comenzaron a sudarme las manos. No estaba preparada para hablar ante una videocámara. Sin embargo, cuando pude mirar mi grabación lo que vi me abrió los ojos: tenía algunos fallos más que obvios. Además, con el *feedback* del instructor, aprendí a solucionarlos. De no haber pasado por el mal trago de la videocámara para ver mis fallos, nunca hubiera sabido corregirlos.

La autoevaluación resulta de extrema importancia en un programa de entrenamiento comunicativo. Si dispones de un instructor, él te ayudará. Si no lo tienes, también puedes conocer por ti mismo en qué punto te encuentras, y para ello necesitarás una videocámara, las hojas de trabajo y los cuestionarios que ponemos a tu disposición en este capítulo.

La técnica de los seis pasos

1. Graba en vídeo uno de tus discursos, ya sea en directo o como sesión práctica.
2. Analiza la grabación y usa la Hoja de grabación que encontrarás más adelante en este capítulo.
3. Pídele a un instructor o a un asesor de confianza que mire tu vídeo y que lo analice.
4. Responde a las preguntas del Cuestionario de autoevaluación personal.
5. Pídele a algún amigo o compañero que responda a la Encuesta para el asesor de confianza.

6. Crea tu propia hoja de balance anotando tus fortalezas y los aspectos que mejorar.

Paso 1: Graba en vídeo uno de tus discursos en directo como práctica

A menudo los instructores graban un audio del discurso o de la presentación de sus clientes para luego mostrarles lo que han detectado. También puedes grabar en vídeo un discurso, una presentación, una entrevista periodística, la reunión con un cliente e incluso una sesión de preguntas y respuestas.

Si no te sientes cómodo grabándote en vídeo durante un discurso en directo, puedes grabarte practicándolo. Cuando lo hagas, recuerda actuar como si tuvieras una audiencia ante ti en la habitación: levántate, empieza tu discurso, habla con claridad, mantén el supuesto contacto visual y sonríe como si realmente tuvieras gente delante.

Asegúrate de colocar la cámara lo bastante cerca como para poder escuchar luego la grabación sin problemas. No solo debes interesarte por cómo se te ve, sino también por cómo suenas.

Si hay alguien que te pueda ayudar a grabar el vídeo, todavía mejor. Un asistente puede mover la cámara y seguirte si empiezas a moverte y a andar. También puede enfocar para conseguir una mejor imagen de tus expresiones faciales, alejar el foco para captar una mejor imagen de tu porte y presencia. Asegúrate de grabar el discurso entero para poder analizar todo el contenido y el estilo del mismo.

Paso 2: Analiza la grabación

Antes de sentarte a analizar tu grabación, echa un vistazo a las siguientes pautas de estilo. Esta lista te guiará mientras llevas a cabo la toma de notas de la presentación.

Al analizar tu grabación, usa la Hoja de grabación de este capítulo para hacer anotaciones sobre tu discurso. En la columna de la izquierda anota lo que te ha satisfecho, y en la columna de la derecha lo que no te haya gustado. Sé honesto contigo mismo y anota todo lo que te haya parecido mal. No se trata de que te sientas mal, sino de proporcionarte una visión general de tus aptitudes. La mayoría de la gente acaba teniendo más anotaciones en la columna de la derecha, la de «Lo que tengo que mejorar», y no hay nada malo en ello. Asegúrate de anotar también tus puntos fuertes para poder avanzar a partir de estos.

Hay personas a quienes les resulta muy difícil verse a sí mismas en vídeo. Algunos de mis clientes que jamás se han visto en vídeo normalmente se sienten sorprendidos e impactados por lo que ven, pero una vez se sobrepone a la impresión inicial, se dan cuenta de lo útil que resulta hacerlo. Tú también te irás acostumbrando poquito a poco a verte a ti mismo en vídeo, y además recuerda que así es como te ve el resto de la gente.

Pautas de contenido:

— Dar un inicio de discurso interesante para captar la atención.
— Establecer de manera eficaz el tono, el modo y las expectativas.
— Transmitir ideas y conceptos claros y convincentes.
— Tener el material organizado.
— Ser cercano.
— Evitar la jerga.
— Usar palabras vivaces.
— Emplear un vocabulario contundente.
— Usar expresiones descriptivas.
— Centrarse en los intereses de la audiencia.
— Aportar información de valor.
— Contar historias y anécdotas.
— Aportar hechos relevantes e interesantes.
— Hacer un buen uso del humor.
— Hablar sobre sucesos y noticias de actualidad.
— Proyectar material audiovisual o folletos.

Pautas de estilo:

— Tener una buena postura.
— Mantener el contacto visual.

— Sonreír.
— Cuidar la expresión facial.
— Cuidar el lenguaje corporal.
— Poner atención a los movimientos.
— Poner atención a los gestos.
— Ir bien vestido y con buen aspecto.
— Ir bien peinado.
— Cuidar los complementos que lleves.
— Cuidar el maquillaje (si procede).
— Mostrar energía y entusiasmo.
— Tener en cuenta el nivel de confort.
— Tener en mente que, quien domina el escenario, domina el espacio.
— Tener en cuenta la calidad de la voz.
— Tener en cuenta la modulación de la voz.
— Tener en cuenta la entonación.
— Tener en cuenta el ritmo.
— Tener en cuenta la pronunciación, la dicción y el tono.
— Hacer pausas en el lugar adecuado.
— Evitar muletillas (eeh, hum).
— Disponer de un buen abanico fraseológico.

Paso 3: Pídele a un instructor o a un asesor de confianza que analice tu grabación

Lo siguiente que debes hacer es pedirle a un instructor o a un asesor de confianza que analice tu grabación (o incluso que escuche una presentación tuya en directo). Haz una fotocopia de la Hoja de la grabación para tu asesor, así como fotocopias de las pautas de contenido y de estilo, para proporcionarle más información y que pueda así realizar un mejor análisis.

Lo interesante de este paso es poder darnos cuenta de aquello que no podemos ver por nosotros mismos en nuestras presentaciones. Por ejemplo, si estás muy pendiente del contenido quizá se te pase por alto algo relacionado con el estilo. O puede que estés tan pendiente de cómo pones las manos que dejes de prestar atención a cómo dices las cosas.

Antes de escoger a tu asesor de confianza, asegúrate de que sea una persona que se tome en serio tu progreso. Cerciórate de que sepa expresarse como es debido, o que por lo menos conozca los fundamentos del lenguaje oral. Pídele que sea franco y constructivo con tu presentación. Dale permiso para que te haga cualquier crítica. Incluso los asesores de mayor confianza se sienten un tanto incómodos para expresar sus sugerencias si antes no les has dado carta blanca para ello.

Hoja de grabación	
Lo que me satisface	Lo que tengo que mejorar
1.	1.
2.	2.
3.	3.
4.	4.
5.	5.
6.	6.
7.	7.
8.	8.
9.	9.
10.	10.

Paso 4: Responde al Cuestionario de autoevaluación personal

El siguiente paso es responder al Cuestionario de autoevaluación personal que te proponemos en este capítulo. Este cuestionario está diseñado para tocar todos los aspectos de tu estilo comunicativo. Puedes responder a las preguntas copiándolas en tu ordenador o bien apuntándolas en un cuaderno de notas; sea cual sea el método que elijas, te recomiendo que vayas anotando las respuestas para poder referirte a ellas más adelante. Escribe tanto como te apetezca. Dedícale el tiempo que necesites y sé riguroso, ya que puede ser un proceso interesante de autodescubrimiento.

Cuestionario de autoevaluación personal

1. ¿Cuáles son mis grandes bazas comunicativas?
2. ¿Qué les gusta a los demás sobre mi estilo comunicativo?
3. ¿Cuándo me siento más cómodo hablando con otras personas?
4. ¿Quién es mi mejor «público»?
5. ¿Cuáles son mis puntos débiles como comunicador?
6. Análisis de mis capacidades para dar discursos: puntos fuertes y débiles.
7. Discursos de presentación: puntos fuertes y débiles.
8. Capacidades conversacionales: puntos fuertes y débiles.
9. Capacidad para liderar reuniones: puntos fuertes y débiles.
10. Capacidad para escuchar: puntos fuertes y débiles.
11. ¿Qué es lo que siempre intento evitar en cuanto a la comunicación?
12. ¿Cuáles son sus consecuencias?
13. ¿Qué aspectos de mi vida profesional me impiden tratar estos temas?
14. ¿Qué necesito para mejorarlo?
15. ¿Cuáles serían los beneficios de dicha mejora?
16. ¿Cuál será mi compromiso para con mi progreso?
17. ¿Qué resultados espero?
18. ¿Cómo sabré si lo he conseguido?

Paso 5: Mantén una entrevista con tus asesores

Para este paso ya deberías haber hallado a uno o dos asesores de confianza para que analicen tu grabación. Puedes pedirle a una misma persona o a una distinta que responda a la Encuesta para el asesor de confianza que encontrarás más adelante para obtener perspectivas de terceras personas sobre tus capacidades. Una vez más, cualquier persona que participe en este proceso tendrá que ser alguien que se preocupe por tu progreso personal. Asimismo, los asesores deberían poder reunirse contigo con regularidad en un contexto de trabajo para poderte dar un mejor *feedback*.

¿Quién podría ayudarte mejor? A veces es la familia o los amigos más allegados, a veces son los compañeros en quienes confías, a veces son profesionales que son grandes presentadores. Seguramente te interesará disponer de asesores que hayan alcanzado las cotas máximas de conocimiento en el área que quieres desarrollar. La persona a la que elijas no tiene por qué ser alguien de tu círculo más cercano.

Si nunca has recibido ningún tipo de *feedback* no hay que preocuparse, pues se trata de una gran experiencia. La mayoría de la gente resalta tus fortalezas, y el hecho de que personas ajenas digan tales cosas sobre ti es algo que te llena de vigor. Te puedo garantizar que descubrirás cosas de ti mismo que ni siquiera sabías.

También en este caso, deberás dar carta blanca a los asesores que participen a la encuesta para responder con franqueza y de manera constructiva. Recuerda que hay gente que no se siente cómoda al decirte lo que piensa si no le has dado tu consentimiento de antemano.

Encuesta para el asesor de confianza

Estimado amigo,

Esta encuesta es una herramienta para poder perfilar mis habilidades comunicativas. Aprecio mucho tu colaboración y te pido que me des tu opinión más sincera y constructiva sobre mis puntos fuertes y mis puntos débiles. Por favor, responde de manera sucinta las preguntas que encontrarás a continuación. También dispones de un espacio para hacer comentarios al final de la encuesta.

1. ¿Cuáles crees que son mis habilidades comunicativas más fuertes?
2. ¿Puedes poner algún ejemplo?
3. ¿Qué aspectos de la comunicación tengo que mejorar?
4. ¿Puedes poner algún ejemplo?
5. ¿Cuáles serían las consecuencias de no desarrollar este aspecto?
6. ¿Cómo crees que reacciona la gente ante esto?
7. ¿Cómo crees que podría abordarlo?
8. ¿Qué otros aspectos comunicativos debería mejorar?
9. ¿Por qué consideras que son importantes?
10. Puntúa mis habilidades en cada una de las siguientes áreas:
    – Presentaciones.
    – Discursos.
    – Dirigir reuniones.
    – Conversación.
    – Capacidad para escuchar.
    – Redacción.

Encuesta para el asesor de confianza (Cont.)

11. Puntúa mi trabajo con respecto a los siguientes grupos:
    – Informes directos.
    – Compañeros.
    – Juntas directivas.
    – Clientes.
    – Analistas.
    – Periodistas y editores.
    – Otros grupos de relevancia.
12. Evalúa mi presencia ejecutiva en función de los siguientes aspectos:
    – Postura y lenguaje corporal.
    – Vestuario y estilo.
    – Cuidado personal.
    – Decoración del despacho y del entorno.
13. ¿Qué más debería saber para crecer profesionalmente?
14. ¿Hay algo más que te gustaría aportar para ayudarme a mejorar?

Paso 6: Crea tu Hoja de balance personal

Ha llegado el momento de que uses toda la información recopilada para confeccionar tu Hoja de balance personal que tienes más adelante. Revisa tu Hoja de grabación, tu Cuestionario de autoevaluación personal y la Encuesta para el asesor de confianza, y asegúrate de anotar aquellos comentarios más recurrentes en todos ellos. Si hay comentarios que se repiten a menudo, debes anotarlos en la columna de tus puntos fuertes o en la de tus puntos débiles. Puede que te encuentres con comentarios algo atípicos que, a no ser que aparezcan una segunda vez, probablemente sean tan solo opiniones personales de alguien en concreto. Quizá te iría bien dedicar unos días para reflexionar sobre los resultados antes de rellenar la Hoja de balance personal.

Ser introspectivo y analizar tus aptitudes te ayudará a enmarcar una visión completa de ti mismo: tus destrezas y tus fallos. Este inestimable proceso te va a abrir los ojos y entonces tomarás conciencia de la situación en la que se encuentran tus aptitudes comunicativas a la par que te ayudará a saber hasta dónde quieres llevarlas. Una vez tengas el análisis completo de estas, entonces podrás elaborar un plan de acción para llegar aún más lejos en menos tiempo. Las empresas procuran disponer de planes de acción, y tú deberías hacer lo mismo.

Hoja de balance personal	
Mis fortalezas	**Lo que tengo que mejorar**
1.	1.
2.	2.
3.	3.
4.	4.
5.	5.
6.	6.
7.	7.
8.	8.
9.	9.
10.	10.

8

Planificar: la forma de llegar más lejos en menos tiempo que todo líder conoce

«Soy un gran creyente en la suerte, y me parece que cuanto más duro trabajo más suerte tengo».

THOMAS JEFFERSON,
tercer presidente de los EE. UU.

Tener un plan de acción te garantiza que acabarás poniéndote en marcha. Elaborando dicho plan, serás capaz de ver aquello que realmente persigues y cómo conseguir alcanzarlo; como cuando escribes la lista de la compra, pues sin ella recuerdas algunos de los productos que querías comprar cuando estás en la tienda pero al llegar a casa te das cuenta de que te has olvidado de algo. Por lo tanto, si dedicas unos minutos a sentarte y hacer una lista de lo que necesitas, te aseguras de que acabarás comprándolo todo. La función de tu plan de acción vendría a ser la misma.

Actuar sin un plan

Sin un plan de acción, nunca encuentras el día de empezar. El empleado de una auditoría andaba de cabeza con clientes exigentes y con una agenda de negocios muy apretada. Sopesó la idea de contratar a un entrenador personal para mejorar sus aptitudes orales, pero consideró que no encajaba en su agenda. Así transcurrió un año. Su empresa le pidió que diera el discurso de presentación en una conferencia internacional, y él disponía de unas semanas para prepararlo. En este momento es cuando recibí la llamada.

Tuvimos problemas para encontrar un hueco en su agenda, pero al final concertamos una cita una semana antes de la conferencia. Sin embargo, cuarenta minutos antes de nuestra sesión, una urgencia con un cliente le obligó a anularla. Cuando finalmente pudimos vernos, ni tan siquiera había repasado las diapositivas de su PowerPoint que iba a usar para la presentación. Además, había estado levantado hasta las tres de la madrugada atendiendo la llamada de un cliente un tanto difícil. Una vez más, regresó tarde a casa y solo le quedaba un día para prepararse la presentación. Lo hicimos lo mejor que supimos, sin embargo, lo último que dijo antes de irse fue: «Ojalá hubiese acudido a ti antes».

Fracasar en la planificación es lo mismo que hacer planes para fracasar. Lo mejor que puedes esperar de esto es conseguir salir del paso. Elaborar un plan de acción te permite tener una previsión del tiempo que vas a necesitar para trabajar tus aptitudes.

Elaborar un plan de acción

Debes elaborar tu propio plan de acción en función de tus necesidades y de tu agenda. Es fundamental para tener éxito. Seguramente tu empresa no te concederá tiempo libre para que puedas trabajar en tus capacidades comunicativas, casi que deberás encontrar la manera de encajarlo en tu agenda junto con el resto de actividades.

El plan de acción personal es como un programa de rutina en el gimnasio: le dedicas el tiempo necesario cada semana y pierdes algunos kilos. Los resultados te mantienen motivado. Si das un buen discurso, la gente te dedicará unas palabras halagadoras. Así, sentirás que el tiempo que has invertido en su preparación ha valido la pena, y esto te hará seguir trabajando.

Protégete contra el virus del «aprendizaje inmediato»

No se puede aprender a pilotar un avión de pasajeros en solo tres horas. Antes hay que pasar por un curso de formación en la academia y echarle muchas horas en la cabina de mando con un instructor antes de que puedas incluso pilotar una avioneta por tu cuenta. Del mismo modo, no puedes esperar alcanzar el éxito de la noche a la mañana con un discurso, una presentación, una entrevista o con ninguna de las competencias que quieras adquirir.

Tras dar un discurso, quizá pienses que tus habilidades habrán mejorado drásticamente, pero la verdad es que muchas veces no fun-

Hablar como un CEO

ciona así. Vas a mejorar con cada discurso, pero esto no es trabajo de un mes. Algunos de mis clientes lo que quieren es ir tachando tareas de una lista con veinticinco objetivos en tan solo una sesión. Sin embargo, lo mejor es centrarse en las prioridades, y ya irás tachando la lista poco a poco. Mentalízate de que vas a entrar en un proceso de aprendizaje continuo.

> *«Las metas que te propones y las estrategias que sigues se convierten en tu plan de acción».*
>
> CHARLES GIVENS, empresario, escritor
> y entrenador estadounidense

Ve paso a paso

En la gestión de proyectos, se te enseña a dividir las grandes tareas en pequeños pasos. Imaginemos que quieres convertirte en un tenista de alto nivel, no como para jugar en el Wimbledon, sino simplemente para participar en un campeonato de clubes. Quizás hayas jugado antes al tenis, aunque solo sea como pasatiempo: sabes devolver la pelota al campo contrario sin percances. Aun así, sería mucho más apasionante —y quizá también bueno para los negocios— poder competir en un campeonato.

Un buen modo de comenzar es observar desde las gradas de un club de tenis o mirar competiciones por televisión y prestar atención a la ejecución técnica de los tenistas que les acaba conduciendo a la victoria. Incluso puedes fantasear con la idea de que estás en la pista de juego, que agarras la raqueta y pruebas a devolver la pelota al contrincante mientras observas el partido. Desde este instante, te darás cuenta de las diferencias entre tus movimientos y los de los jugadores.

El siguiente paso es apuntarte a clases y pedir consejo al tenista profesional. Este valorará tu nivel de juego, te dirá lo que debes mejorar para convertirte en un jugador de alto nivel y empezará por enseñarte las técnicas básicas. Al principio, los ejercicios te podrán parecer complicados y forzados porque nunca los has realizado antes, pero durante las siguientes semanas y meses, vas a estar practicando estos ejercicios hasta que la memoria muscular se haya acostumbrado y los movimientos te salgan con naturalidad. No dejes de asistir a los entrenos, practica en tu tiempo libre y lee libros y revistas para saber lo que saben los profesionales. Gradualmente, notarás las mejoras.

Cuando te sientas más seguro de ti mismo, inscríbete en tu primer torneo para poner a prueba tus capacidades. Puede que no lo ganes, pero seguro que podrás notar una gran mejora. Al año siguiente, vuelve a inscribirte en el mismo torneo y seguro que regresas a casa con el trofeo. Pese a todo, la recompensa de estar mejorando, de sentirte bien físicamente y de pasártelo bien es mucho mejor que el trofeo en sí.

Así es como debería funcionar tu plan de acción personal. Haz una lista de distintas actividades, como una lista de tareas, y los pequeños pasos que seguirás para lograr tus objetivos. Imagínatelo como si estuvieras ahorrando para tu jubilación: si empiezas a ahorrar hoy mismo, a invertir tu dinero de forma regular y seguir aprendiendo a hacerlo, al final tendrás a tu disposición la cantidad que necesitabas. Si esperas a poder «permitirte» ahorrar —o, en nuestro caso, a disponer de tiempo para trabajar nuestras capacidades—, puede que no llegues nunca a empezar y probablemente no alcances tus objetivos. Dedicar tiempo a mejorar tus capacidades es como las cuentas de ahorro automático, pero a nivel de desarrollo personal.

Pon en marcha tu plan de acción personal

Para poner en marcha tu plan de acción, primero hay que recopilar cierta información. Necesitas disponer de algunas cosas: tu Hoja de balance personal (en el Capítulo 7), tu agenda profesional, y varias carpetas de proyectos en las que poder ir guardando tus materiales y tener una lista de tareas de tus actividades.

Analiza tu Hoja de balance personal para familiarizarte con tus objetivos

Revisa de nueva el resultado de la autoevaluación que realizaste en el Capítulo 7, esto es, tu Hoja de balance personal. Analiza los puntos fuertes que identificaste, incluyendo tus observaciones y las de los asesores de confianza. ¿Qué es lo que salta a la vista? ¿Qué es prioritario? ¿Qué quieres mejorar? Haz un círculo o una estrellita junto a estos puntos.

Pongamos, por ejemplo, que tienes bastantes notas con respecto a tu voz. Pudiste comprobar que suena monótona, y tu asesor de confianza te sugirió que deberías sonar algo más caluroso cuando hables sobre los temas que eliges. Ponlo como punto número uno de la siguiente lista: Lo que quiero mejorar.

Lo que quiero mejorar
1.
2.
3.
4.
5.
6.
7.
8.
9.
10.

Revisa tu agenda profesional en vista de los eventos y de las oportunidades que estos te ofrecen

Echemos un vistazo a tu agenda profesional para ver lo que te espera en los siguientes seis meses. ¿Cuántas conferencias, reuniones y entrevistas vas a tener? O bien, ¿qué tipo de eventos te gustaría tener? Reuniones de la junta directiva, llamadas de analistas, entrevistas con los medios de comunicación, mesas redondas con tus empleados... Lo que sea que tengas marcado será una oportunidad para poder practicar.

Uno de los puntos clave para elaborar un plan de acción fructífero es el aprendizaje a partir de tus propias experiencias. A fin de cuentas, esto es lo que te tocará hacer sí o sí en el transcurso de tu trabajo. Revisa tu agenda en busca de eventos futuros para poder preparártelos y practicar de antemano.

Crea una carpeta de proyectos para cada evento

Si consideras cada evento como un proyecto independiente, lo suyo es crear una carpeta para cada uno de ellos. En cada una deberás guardar todo lo que vayas a necesitar, incluyendo una lista de tareas como la que encontrarás más adelante, una por cada proyecto. Lo mejor será que elijas aquellos eventos que te supongan un reto: si las reuniones con tus empleados te resultan sencillas y, por el contrario, tienes más problemas para lidiar con las presentaciones formales durante las entrevistas, crea una carpeta para cada una de ellas y empieza a recabar todo lo que necesites.

Para cada carpeta deberás confeccionar una lista de tareas. Si tienes que dar un discurso, debes informarte sobre el mismo o incluso ponerte en contacto con quien lo haya redactado, así que ya lo puedes añadir a tu lista. Si estás trabajando para mejorar la dicción, seguramente querrás hacerte con una grabadora para que puedas escucharte luego y reparar en tu modulación y tu ritmo, así que añádelo también a la lista para recordarlo más tarde. O quizá quieras hacer tus discursos algo más divertidos, así que anota en ella: leer un libro sobre humor, visitar páginas web sobre el tema o contratar a un redactor para que añada este aspecto.

Asimismo, en la carpeta deberás incluir también aquellos elementos que necesites para tu presentación o que sean de tu interés: una anécdota, un artículo periodístico, copias de diapositivas, puntos para tratar durante la presentación, cualquier cosa que te pueda ser de ayuda.

Cuando tengas preparada la carpeta y la lista de tareas, revisa de nuevo tu agenda y añade las actividades que puedan estar relacionadas con los eventos. Debes hacer un hueco en tus horarios para la preparación, la elaboración y la práctica. Nunca vas a encontrar un agujero si no lo has incluido de antemano en tu agenda. Ten en cuenta que encontrar tiempo para realizar estas actividades si no lo teníamos programado es igual de probable que encontrarte un billete de 100 dólares en los bolsillos.

Programar las actividades por avanzado es un gran respiro, ya que saber que te has reservado tiempo para llevarlas a cabo reducirá tu ansiedad y te ayudará a disfrutar del proceso. El 98 % de las veces, la gente se siente estresada o desanimada ante la perspectiva de dar un discurso porque no han dedicado tiempo a preparárselo. Anota estas actividades en tu agenda y regálate la tranquilidad de saber que dispones de todo el tiempo que necesitas.

Lista de material para tu carpeta de proyectos
1.
2.
3.
4.
5.
6.
7.
8.
9.
10.

Confecciona tu lista de tareas

A continuación se detallan algunas de las actividades que podrías incluir en tu lista de tareas.

Recabar información

Vas a necesitar información actual, interesante y novedosa para poder comunicarte de forma eficaz. La audiencia quiere ideas nuevas y enfoques punteros, y una de las obligaciones del conferenciante es asegurarse de que su charla haya merecido la pena. Tanto si hablas en una conferencia, ante un periodista, a tus empleados o al público en general, debes aportar constantemente información novedosa que cause impacto.

Recabar información es un trabajo constante, aunque solo dediques cierto tiempo a leer o a consultar internet. Quizá quieras entrevistar a alguien antes del evento. En este caso vas a necesitar delegar el trabajo a terceros para que te ayuden en tus pesquisas, aunque igualmente vas a tener que dedicar tiempo a revisar la información recabada.

No estaría de más que tuvieras a mano las carpetas de cada evento para poder ir añadiendo material a medida que lo recabas. Si ves en un libro algo relevante, sácale una fotocopia y añádelo a la carpeta. Las fuentes de información pueden ir desde revistas hasta libros (sin olvidar los manuales), periódicos, páginas web, vídeos, folletos, monólogos humorísticos y programas de radio y televisión. Te animo a que leas, mires o escuches todo aquello sobre lo que normalmente no ves ni oyes para descubrir otras perspectivas y estar al día de todo.

Preparación

La preparación implica organizarse, redactar y revisar. No existe ningún método bueno o malo para tal fin, basta con que tengas un sistema que te funcione. Cuando hayas recopilado suficiente información en tu carpeta, haz una selección y empieza a organizarte, a hacer un esquema y a redactar.

¿De qué sirve hacer un esquema? He aprendido mucho sobre ello escribiendo este libro. Un esquema te ayuda a ver en papel lo que tienes, así como lo que te falta. Al ponerlo por escrito, te permite analizarlo y adquirir ideas antes de proceder a la redacción o a crear tus diapositivas. Uno de los errores que comete la gente con mayor frecuencia es el de elaborar una presentación de diapositivas con diapositivas que ya tenía guardadas en el ordenador sin haber reflexionado antes sobre qué es lo que quieren transmitir y sin haber hecho antes un esquema de ello.

Dependiendo del evento o proyecto, para la fase de preparación te vendría bien tomar nota de lo siguiente:

— Idea principal.
— Los tres puntos principales de la idea.
— Preguntas que la audiencia o los periodistas podrían hacerte.
— Una anécdota.
— Temas de debate.
— Tablas y gráficos para las diapositivas.

¿Es mejor redactar el discurso, anotar solo los puntos clave o usar tarjetas con anotaciones? Esto dependerá de dos factores: tu preferencia personal y el tipo de presentación que tengas que dar. Si se trata de un discurso formal generalmente se redacta, para una reunión lo más normal es anotar los puntos clave y para una reunión informal resultan de mayor utilidad las tarjetas.

Practicar

Para dar una buena presentación hay que practicarla. Los mejores oradores a nivel mundial practican sus presentaciones varias veces antes de salir a exponerlas. Puedes hacer trampa en cuanto al tiempo que le dedicas a practicar, pero, como dicen todos los padres: «El único a quien engañas es a ti mismo». Practicar no solo te ayuda a abordar mejor tus presentaciones, sino que también reduce la ansiedad, pues estás preparado y seguro de ti mismo.

Ve a una sala de conferencias o cierra la puerta de tu despacho y siéntate a repasar los materiales de que dispongas. Lee o memoriza tus notas en voz alta, luego levántate y suelta tu presentación en tiempo real. Practica en voz alta varias veces. No te recomiendo que lo hagas en el coche, porque puedes distraerte, ni tampoco en un avión, ya que no podrás recitar lo suficientemente alto, a no ser que no te importe molestar a los pasajeros de al lado.

Aquí te dejo otros consejos para practicar:

— **No lo dejes para el último momento.** En función de la extensión del discurso, puede que necesites tener listo el texto entero una o dos semanas antes para poder practicarlo unas cuantas veces. Anótalo en tu agenda como un compromiso personal.

— **Usa un espejo.** Puesto que eres tu mayor juez, si practicas ante un espejo podrás darte cuenta de determinados gestos, frases rebuscadas y habituarte de inmediato al contacto visual. No uses esta técnica hasta que no hayas practicado y te sepas bien el discurso antes de ponerlo a prueba ante un espejo.

— **Grábate en vídeo o en audio.** Escucha una grabación de tu discurso, ya que esto te va a ayudar a identificar los aspectos que deberías mejorar. Con una grabadora de audio, podrás darte cuenta de tus tics orales no deseados, de tus titubeos e inseguridades y construcciones de frases rebuscadas.

— **No memorices el texto.** Si tratas de memorizar el texto, te arriesgas a quedarte en blanco en pleno discurso. Aprende distintos métodos, familiarízate con el uso de expresiones, pero no te conviertas en esclavo del discurso memorizado palabra por palabra.

— **Usa un guion.** Practica lo suficiente como para estar tan familiarizado con el contenido de las tarjetas que solo tengas que echarle un vistazo rápido. Esto hará que se te vea preparado y que se te note un lenguaje natural.

— **Ten en cuenta el tiempo de tus presentaciones.** Si se te da un plazo de tiempo determinado, saber medir el tiempo de tu presentación te ayudará a saber qué debes sintetizar o qué puedes ampliar. Una de las reglas cardinales que debes tener presente es no excederte en el tiempo que se te ha dado.

— **Practica con una audiencia de prueba.** Si tienes compañeros o algún mentor que pueda escuchar tu presentación como práctica, te irá bien para empezar a sentirte cómodo cuando hables ante otras personas.

— **Visualiza el éxito.** Mientras estés practicando, trata de imaginarte a la audiencia. Cuantos más detalles puedas imaginarte —la sala, la gente, las sonrisas, los aplausos y a ti mismo subido al estrado—, mejor lo harás el día de la presentación.

¿Qué más puedes hacer?

A medida que vayas completando las tareas de tu lista, quizá te iría bien disponer de algunos recursos útiles. Puedes reunir a un equipo, contratar a un instructor, leer algún libro relacionado o apuntarte a cursos. En lo que queda de capítulo te voy a dar consejos sobre cómo encontrar los recursos que buscas.

Reúne a un equipo

Puede que dispongas de un equipo de personas en la empresa para darte el apoyo que buscas para tus aptitudes comunicativas. De no ser así, ha llegado el momento de que identifiques a aquellas personas que mejor puedan ayudarte. Arnold Zetcher, presidente y director ejecutivo de Talbots, cuenta con la vicepresidenta de Comunicaciones Margery Myers en su equipo. «Ella conoce mi forma de pensar y de decir las cosas», dice Zetcher.

«Conectamos de inmediato», dice Myers. «Después de tantos años, ahora es como si tuviésemos telepatía. Sé perfectamente cómo se siente con tan solo mirarlo; si marca algo con una sola línea, sé lo que quiere decir».

Tu equipo no solo tiene que apoyarte, sino también formar parte de tu círculo cercano. «Debes buscar a alguien en quien confíes», afirma Zetcher. «Margery está involucrada en casi todo lo que hago más que cualquier otra persona de la compañía. Ella sabe lo que quiero decir, y yo confío plenamente en ella».

Además de acudir a profesionales de la comunicación oral, algunos directores ejecutivos recurren a menudo a líderes con experiencia de sus compañías para que les den su opinión. Estos pueden saber qué impresiones han tenido los empleados después de una reunión o lo que piensan los clientes sobre una presentación.

Contrata a un instructor

Un buen instructor te ayudará a desarrollar un plan de acción y a ponerlo en práctica. Tú vas a hacer todo el trabajo, aunque bajo asesoramiento profesional. Dicho instructor deberá reunirse contigo con frecuencia e impedir que te desvíes. Asimismo, podrá darte un *feedback* que muchas otras personas serían incapaces de dar, lo cual hará que no te desvíes del camino marcado. «Una vez tuve un instructor personal que me ayudó a ganar la confianza de saber que iba por el buen camino», dijo un director ejecutivo. «Con su ayuda, puedes mejorar aún más y a mayor velocidad», añade.

Además de los instructores de expresión comunicativa, existen los redactores de discursos, los humoristas, los entrenadores de medios de comunicación, así como personal de relaciones públicas que pueden ayudarte a desarrollar tus capacidades y a ponerlas en práctica. Si estás buscando a un instructor, entrenador o redactor de discursos, deberías entrevistarte con varios de ellos. Estos no tienen por qué conocer tu campo profesional, sino simplemente el suyo. Infórmate acerca de los métodos que emplean, la frecuencia con la que os vais a poder ver y con quién han trabajado antes.

Aparte de esto, también debería haber una buena conexión entre tú y tu instructor, entrenador o redactor de discursos. La instrucción es algo muy personal: comparte tus preocupaciones abiertamente con los candidatos y observa cómo responden a ello. Observa si son constructivos sin dejar de ser honestos, ya que lo que buscas es apoyo y honestidad a partes iguales.

Lee libros y artículos

Una vez uno de mis clientes me dijo: «No tengo tiempo para todas estas sesiones de instrucción. ¿No podrías recomendarme un libro que pudiese serme de utilidad? Es cómo mejor aprendo». Le mandé varios libros, aunque no estaba segura de que fuese lo indicado. Tras leérselos, me dijo que ya «lo había captado», así que grabé una de sus presentaciones. Todavía presentaba problemas. Los libros son una herramienta magnífica, pero no sustituyen el ejercicio práctico.

Si estás buscando algún libro, no te limites a ir a la sección de negocios. Si sobre lo que quieres aprender es el humor, dirígete a la sección humorística; si quieres mejorar tu estilo e imagen, prueba con buscar estas palabras en tu librería *online* de confianza. Y no olvides los CD: escuchar audiolibros mientras conduces es una forma muy eficiente de invertir el tiempo.

Apúntate a cursos y talleres

Personalmente, me encanta asistir a talleres porque te dan la oportunidad de aprender de los expertos, a la par que te ofrecen la oportunidad de hablar con otras personas de la clase. Formo parte de la National Speakers Association, la cual ofrece talleres y seminarios de calidad. La asociación está formada por expertos, asesores y humoristas que hacen del discurso público su modo de vida. Pese a que todos ellos son profesionales, acuden a la asociación para aprender. Incluso los mejores afirman que asistir a este tipo de talleres es uno de sus pilares para alcanzar el éxito.

Existen muchos sitios donde puedes encontrar cursos de habilidades comunicativas, incluyendo conferencias sobre el sector industrial, seminarios públicos y asociaciones profesionales. Nunca sabes en qué curso puedes acabar que marcará la diferencia en tu plan de desarrollo personal.

Segunda parte

Los escenarios

**Guía de supervivencia
para situaciones en las que
debes hablar y hacerlo bien**

9

Los discursos

«No hables sin antes estar seguro de que tienes algo digno de ser dicho y de tener los conocimientos necesarios sobre el tema que hasta puedas explicárselo a un niño de ocho años».

MARIO CUOMO,
exgobernador de Nueva York

Los directores ejecutivos dan discursos, pero esto no significa que les guste. De hecho, a mucho de ellos, aunque tengan experiencia, les desagrada. No obstante, saber dar un buen discurso puede hacerlo todo más agradable.

Cierta vicepresidenta de un banco solía declinar los compromisos en los que tenía que dar un discurso: tenía demasiado trabajo y nada de tiempo para preparárselo. Como consecuencia, acabó por no ser una buena oradora y odiaba estar delante de una audiencia. Pero un día fue invitada a hablar en una conferencia internacional sobre mujeres en el mundo bancario, una de sus pasiones. Ante tal perspectiva, decidió que ya iba siendo hora de aprender a dar un buen discurso, así que contrató mis servicios.

Hablamos largo y tendido sobre sus temas, salieron algunas buenas historias y practicamos juntas. A medida que íbamos dándole forma al discurso, se entusiasmó sobremanera porque resultaba ser el más interesante de los discursos que había dado nunca. Su interés en el tema hizo que se sintiera motivada a practicarlo. Adquirió autoconfianza y mejoró en cuanto a la duración, las pausas y el tono, y además su cara mostraba jovialidad. Ahora se sentía animada y llena de energía, y acabó dando un buen discurso que dejó a la audiencia boquiabierta. No tardaron en llegarle solicitudes para que diese más discursos, y ella las aceptaba. Usó ese mismo discurso, aunque modificándolo en función de la audiencia. Le dimos el nombre de «discurso de cajón» porque, cuando alguien le pedía que diese uno, podía aceptarlo sabiendo que ya tenía a mano el material básico. El hecho de tener un buen discurso la ayudó a ir perfeccionándolo y a ganar confianza en sí misma como oradora eficaz.

Todo buen discurso empieza con un mensaje. Hay que tener algo significativo que decir, un tema claro. Cuando lo tienes, perfila dicho tema. La mejor manera es tener pensados unos cuantos puntos principales, normalmente tres, pues la gente no puede retener más que este número de ideas. Existen distintos tipos de discursos —inaugurales, de posesión, motivacionales, de políticas de empresa, de apertura, de homenaje, panegíricos y muchos más—, pero siempre hay que ceñirse a un solo tema y tener algunas ideas principales.

En el escenario, puede que te sientas tentado a cambiar tu modo de hablar para que lo que explicas suene más como un «discurso». No caigas en este error, sé solo tú mismo. Habla a la audiencia como si estuvieras tomándote un café con un amigo. Sé cercano. Usar palabras y frases cortas es mejor que usar palabras y frases largas, habla exactamente del mismo modo que lo harías en una conversación. Esta es la única manera de presentarte tal y como eres. Olvídate de los tecnicismos, olvídate del lenguaje empresarial, evita las frases suntuosas, dilo todo de una forma simple y directa.

Existen varios elementos que pueden mejorar tu discurso y hacerlo más interesante. Estos elementos son los que tienes a continuación:

— Las historias.
— La audiencia.
— El humor.
— Las analogías.
— Los hechos más sorprendentes.
— Las anécdotas.
— Los sucesos de actualidad.

Historias: Un buen comienzo (transcurso y final)

Tienes que empezar bien tu discurso. Una de las mejores maneras de hacerlo es con una historia, la cual deberá introducir el tema conductor de tu discurso. No basta con limitarse a contar una historia graciosa o interesante, sino que esta tiene que ser relevante como tema principal que es. Dicha historia puede contener suspense, conflicto o humor, y es la que va introducir tu tema. También tiene que versar sobre algo que tu audiencia entienda. De igual manera, también puedes hacerte aparecer a ti mismo en la historia, aunque no deberías ser el centro de esta.

Cuando te haces aparecer en la historia, ya sea como observador o como actor, la gente aprende algo sobre ti, y cuando aprenden algo sobre ti crece su interés por tu persona. Sea cual sea el tema, la audiencia quiere saber cosas de ti, y las historias son una buena herramienta para mostrarles de dónde vienes y qué haces aquí. Solo una precaución: evita ser el personaje central de la primera historia, ya que puedes ser tachado de arrogante o egocéntrico. Marcia Reynolds, oradora, escritora y narradora, me enseñó que «al comienzo de tu discurso, no te has ganado todavía el derecho de hablar sobre ti mismo».

Las historias originales son siempre las que mejor funcionan para la audiencia. Repetir la historia de otro orador puede entrañar riesgos, ya que existe la posibilidad de que tu audiencia ya la haya oído. Lo que quiere la audiencia es conocer tu punto de vista, tus experiencias, cómo ves el mundo. Las historias originales no tienen por qué tratar sobre ti, sino que pueden discurrir sobre personas, lugares o eventos en los que hayas asistido u oído hablar. Tus *propias* historias serán más auténticas y más interesantes, así que vale la pena dedicar tiempo a prepararlas.

Encontrar tus propias historias no es tan difícil como te piensas. Empieza por tener un diario —en una libreta o bien por ordenador— en el que escribir sobre los sucesos, retos, conflictos, sorpresas y aprendizajes de tu vida cotidiana. Cuando sucede algo interesante, aunque sea solo la semilla de una idea, anótalo. Puede que pasen semanas o incluso meses antes de que la historia florezca, pero si por lo menos lo tienes todo apuntado, pones tu mente en movimiento.

Desde mi punto de vista, una buena historia se compone de dos elementos: choque de ideas y algunos detalles bien colocados. El conflicto o choque de ideas mantiene la atención y el suspense de la gente, con ganas de saber cómo se resolverá la trama. Los detalles le otorgan realismo, y la audiencia es capaz de visualizar los acontecimientos y oír los sonidos. Describir la gente y los lugares, las fechas, la hora, el paisaje, los sonidos, los apodos, con una pizca de esto ya tienes cuanto necesitas. Aun así, no te excedas con los detalles, aporta tan solo los necesarios para dar realismo a la historia.

Cuando tengas una buena historia, consérvala, ya que te puede ser útil para diversos temas. Puede serte de utilidad usar un diario para llevar un control de todas tus historias. Larry Lucchino, director ejecutivo de los Boston Red Sox, tiene un diario personal, *The Brockett Book*, recopilado por Bill Brockett, antiguo colega de la Yale Law School. Cuando Brockett falleció, Lucchiano se quedó el diario y le añadió sus propias historias, citas famosas, frases graciosas, anécdotas y palabras de sabiduría. *The Brockett Book*, que le hace la competencia a las páginas amarillas de Nueva York en cuanto a su extensión, es un recurso fantástico que sigue creciendo. Según cuenta Lucchino: «Si veo un artículo periodístico, lo añado. Como lo tengo por orden alfabético puedo encontrarlo todo, desde frases de humor sobre economía o derecho hasta grandes citas de Emerson o de Oscar Wilde».

Habla *sobre* la audiencia, no *a* la audiencia

Piensa primero en tu audiencia antes de redactar tu discurso. ¿Qué es lo que les interesa saber? ¿Por qué están ahí? ¿Qué puedes hacer para que sientan que estar ahí haya merecido la pena? Tu discurso no servirá de nada si pasas por alto a la audiencia, y sin audiencia te quedas sin discurso. Las personas que están ahí han sacrificado su tiempo para venir a escucharte, y tú tienes la obligación de hacer que valga la pena.

Aparte de centrarte en sus intereses también deberías hablar sobre la audiencia en cuestión. Menciona a la gente por su nombre, habla sobre sus organizaciones, negocios, ciudad o localidad, muéstrales lo que sabes, lo que admiras o lo que comprendes sobre ellos. Se trata de un arte, es algo más que decir simplemente «es un honor para mí que me hayan invitado a hablar en la Asociación XYZ». Sé específico, menciona a la gente por su nombre, los lugares por su nombre, haz observaciones interesantes o graciosas, y di lo que sabes y lo que te gustaría saber de ellos.

A continuación, tienes un ejemplo de discurso que Mike Eskew, presidente de UPS, dio a sus empleados en relación con el cambio de logo de la compañía:

> *«El cometido de nuestra firma es el compromiso para con la gente, manteniendo nuestras promesas en nombre de UPS. Marty Peters es un gran ejemplo de ello. Marty, de cincuenta y siete años, es uno de los empleados activos más veteranos de los 360.000 trabajadores de UPS en todo el mundo. Se unió a nosotros ni*

más ni menos que en 1946 y, aunque cueste creerlo, no falta ni un solo día en su puesto como dependiente de atención al cliente en Detroit.

»También contamos con otra persona que está con nosotros en este día tan especial aquí en Nueva York: Ron Sowder, transportista de Kentucky. Ron ha formado parte de nuestra compañía durante cuarenta y dos años, de hecho, se incorporó en 1961, el año en el que cambiamos de logo por última vez. Cuando Ron comenzó con nosotros, no era lo suficiente mayor para conducir. Sin embargo, hoy en día tiene el honor de ser la persona que más años ha trabajado como transportista de entre todos los empleados de la compañía. En mi libro hablo de Ron y Marty como héroes de UPS. Ellos no tan solo representan la firma, sino que, al igual que vosotros, viven la firma cada día».

Cuando hablas *sobre* la audiencia, estás haciendo honor a sus personas. Un auténtico líder incluye a la audiencia como grupo, como personas individuales, o ambos. A la gente le gusta que la mencionen y, más importante aún, les gusta saber que las personas de esta posición jerárquica los conocen. Esta es la razón por la que los líderes se las ingenian siempre por incluir a la audiencia en todos sus discursos.

Da el toque de humor justo para transmitir una idea

«La inteligencia se mide por el sentido del humor».

ROGER MARINO, fundador de EMC

Como dije en el Capítulo 5, no se debe infravalorar el poder del humor en un discurso. Aquellos oradores que se sirven del humor conectan enseguida con la audiencia, y las audiencias consideran a un orador que sabe cómo divertirles como una persona más competente, segura e inteligente. Cuando la gente se ríe, está más predispuesta a escuchar.

Para ser gracioso no hay que ser como David Letterman. Lo único que necesitas es analizar el humor e intentar recrearlo a tu propio estilo. Cuanto más discreto sea el humor, mejor funciona. Abraham Lincoln dijo una vez: «Si tuviese dos caras, ¿estaría llevando esta?» Bromear acerca de los percances o contratiempos también encierra su poder. Tras recibir un disparo, Ronald Reagan les dijo a los cirujanos: «Espero que seáis republicanos».

¿Debe contener humor tu discurso? Existe un dicho entre los oradores profesionales que dice: «No debes bromear, a no ser que quieras que te paguen». Como orador, el uso del humor es un método para ser efectivo. El humor ayuda a transmitir una idea, y además de forma amena, lo que resulta mejor tanto para ti como para la audiencia. No hace falta que rompan a carcajadas, simplemente hazles sonreír.

Un líder político a quien conozco solía usar el mismo chiste introductorio en todos sus discursos. Pese a que algunas personas de la audiencia ya lo hubiesen escuchado infinidad de veces, se echaban a reír igualmente. Por lo general, no es una mala estrategia reciclar el mismo chiste para otros discursos. Aunque pueda hacerse tedioso, un chiste bien contado es siempre mejor que ninguno en absoluto.

Cuando se trata de elaborar tu propio humor, recuerda que resulta más efectivo cuando se crea en función de la audiencia o del tema a tratar. Si consigues adaptarlo a cada situación, la gente te va a considerar un genio. Entonces, ¿cómo se puede desarrollar el humor creativo? Los escritores de comedia sugieren que primero identifiques aquello que pueda resultar ridículo, absurdo o doloroso, un problema que pueda ser común entre la audiencia. Los guionistas de los programas de humor televisivo hablan sobre los sucesos más absurdos del día. Los escritores de comedia explican cualquier anécdota que les haya ocurrido durante la jornada. Cuando consiguen enfocar algún suceso desde un ángulo desgarrador, ridículo o absurdo, lo moldean hasta convertirlo en algo gracioso.

Existen muchos libros sobre hablar y escribir a través del humor, o incluso se pueden contratar humoristas para que redacten discursos graciosos. Si decides escribir tú mismo los tuyos, mi único consejo es que te pongas manos a la obra. Fíjate en las preocupaciones y problemas de la gente: a la audiencia le gusta que trates sobre temas que le conciernen y conseguir sacar hierro a lo que ellos les resulta angustioso. Una vez identificado el problema, ponlo de patas arriba. Veamos ahora cómo crear discursos graciosos de una forma simple y original a partir de dos herramientas que personalmente me gusta usar: la ironía y la exageración.

Pongamos que quiero escribirle a mi editor para decirle que voy algo atrasado en mi libro y que todavía me falta para terminar los últimos capítulos de mi manuscrito. Podría decirle: «Sé que voy atrasada, así que me voy a llevar el portátil de vacaciones y a escribir los dos capítulos siguientes, aunque le fastidie a mi familia». O bien podría rebajar el tono con la siguiente frase irónica: «Me voy a llevar el portátil, seguro que a mi familia le parecerá una idea fantástica». O incluso exagerar: «He rehecho el "Capítulo 16" de arriba abajo como unas treinta y cinco veces. Igual un poco de aire de playa me venga bien para oxigenar mi cerebro». No soy redactora de comedia, y ya sé que lo que he dicho no es supergracioso, pero es una forma diferente de decir las cosas con un tono algo más ameno.

> «*Cortarme el dedo es una tragedia. Perder la vida al caerme por una alcantarilla es comedia*».
>
> MEL BROOKS, humorista

Uno de los discursos más hilarantes que he escuchado jamás es el que dio Teri Garr, una actriz y humorista maravillosa a quien le diagnosticaron esclerosis múltiple. Al cabo de pocos años, la enfermedad la había dejado en un estado muy delicado. La noche del discurso, caminó lentamente hasta la tarima con la ayuda de una muleta y visiblemente agotada por el esfuerzo. Pese a todo, su discurso fue magnífico. Teri Garr explicó con humor los retos y dificultades de vivir con esclerosis múltiple, y el mensaje de su magnífico discurso caló hondamente en la audiencia. Logró derribar las barreras entre la gente afectada por esclerosis múltiple y el resto, lo cual produjo una reacción de empatía por la causa en cada uno de los asistentes.

Empieza a mirar los retos, dificultades y angustias con otro prisma y esto te proporcionará la capacidad de usar el humor de un modo más eficaz. El humor rezuma por doquier, simplemente tienes que saber verlo.

Usa analogías para que los demás te entiendan mejor

Mediante una buena analogía siempre te será más fácil explicar cualquier tipo de concepto. Las analogías son unas herramientas de economización para sintetizar un concepto al momento. Se trata de similitudes, equivalencias, paralelismos o contraposiciones que ayudan a la gente a comprender y recordar una idea. A modo de ejemplos:

«Internet es como una superautopista de la información», «Un boicot es votar con la cartera». Las analogías definen un concepto o explican cómo funciona.

Es posible construir un discurso mediante analogías. Jane Tisdale, directora de Productos Estructurados Globales para State Street Global Advisors, habló para corredores de bolsa sobre las virtudes de la investigación cuantitativa, un tema algo desconocido incluso entre los profesionales del sector. El enfoque cuantitativo usa modelos computarizados para filtrar las enormes cantidades de datos y hallar productos eficientes aunque ignorados e infravalorados.

Jane y su equipo querían explicar el proceso y convencer a la audiencia de que el procesamiento de datos computarizado funciona. Decidieron escribir el discurso entero a partir de una analogía con el béisbol, con *Moneyball*, de Michael Lewis, como punto de referencia. *Moneyball* narra la historia de cómo Billy Beane, director general del Oakland A, usó estadísticas de fácil acceso aunque inadvertidas por los demás para aprovecharse de las ineficiencias del fichaje de jugadores. Esto le fue útil para formar un equipo de jugadores con una de las nóminas más bajas, y que ganó más partidos de liga que cualquier otro, a excepción del Seattle Mariners.

Aquí puedes leer un fragmento del discurso:

> *«Los cazatalentos de las grandes ligas siguen el estilo tradicional de ir de localidad en localidad para ver jugar a los equipos de béisbol de los institutos y facultades e identificar al nuevo Pedro Martínez. Para buscar a ese gran jugador, seguramente se centrarán en el pícher con más técnica o en el bateador que tenga un juego a lo "Sammy Sosa" y consiga home runs. La alternativa es basarse en la estadística de observación Billy Beane para ampliar su campo de visión y descubrir a diamantes en bruto en los rangos tanto de los mejores equipos como de los de gama más baja».*

Si buscas analogías, puedes consultarlas en libros, pero no te detengas ahí: cualquier cosa que puedas ver, sentir o imaginar puede ser usado como analogía. Las analogías deben referirse a algo que tus oyentes ya sepan o que pueden comprender. Si empiezas a observar, acabarás encontrándolas. A menudo, las analogías acaban siendo el mensaje más memorable.

Emplea hechos sorprendentes para causar asombro

Relatar hechos sorprendentes es un buen modo de añadir el elemento sorpresa. A su vez, los hechos sorprendentes poseen la virtud de ser persuasivos. Al sorprender a la audiencia con algo que no conocían, les preparas para escuchar el resto de tu discurso.

Estos hechos se encuentran por doquier, estás rodeado de información. Hazte con el *Wall Street Journal*, el periódico de tu localidad o alguna revista cualquier día de estos y ahí lo encontrarás. Recopílalo todo e inclúyelo en tus carpetas de archivo. Conéctate a internet y usa un motor de búsqueda; en un santiamén, puedes encontrar todo aquello que antes tardarías horas en rescatar de una biblioteca. Un buen modo de dar inicio a una presentación podría ser empleando uno de estos datos. Recuerda, cuanto más actuales sean tus aportaciones, mayor asombro causarán entre la audiencia.

Cuenta anécdotas para realzar tus ideas principales

Una anécdota no es lo mismo que una historia; por lo general, estas son narraciones breves de sucesos interesantes, curiosos o personales. No tienen por qué ser necesariamente divertidos. Las anécdotas capturan la esencia de una persona, un lugar o una situación. La ex primer ministra Margaret Thatcher, una oradora de lo más elocuente, era una experta en el tema. Durante el elogio al presidente Reagan, expuso una estampa de su vida a partir de anécdotas breves:

> *«El propio Ronnie creía firmemente que se le había concedido una segunda vida con un propósito concreto. Tal y como le contó al cura tras haberse recuperado: "El tiempo que me queda de vida, sea cual sea, le pertenece al Gran Amigo de ahí arriba.*
>
> *»Cuando sus asistentes preparaban los documentos para cumplir con su decisión, estos se permitieron arrancar fragmentos enteros con propósitos que sabían que el "Viejo" no iba a cumplir».*

El secreto para una buena anécdota radica en capturar lo extraordinario, lo interesante o lo gracioso que esta encierra con solo unas pocas palabras. Al buscar anécdotas, ten en cuenta las historias que conozcas o que hayas oído acerca de personas o situaciones y, cuando las tengas, condénsalas hasta obtener una pepita de oro. Confía en la comprensión de la audiencia, no hace falta que les cuentes una historia entera para que capten tu idea: destila tu historia hasta sintetizarla en una pequeña idea. Las anécdotas, cuando se encuentran en manos de buenos oradores, son oro en estado puro.

Usa acontecimientos actuales para explicar tus ideas

Una cita o un fragmento de una película, libro, canción o programa de televisión también puede ser un buen modo para transmitir tu mensaje. Hace poco, me topé con un discurso de Lou Holtz, el legendario entrenador de fútbol americano de la Universidad de Notre Dame, EE. UU., que solía usar cada año ante las nuevas incorporaciones al equipo. El discurso en cuestión emplea citas de tiras cómicas para presentar el método con el que Holtz forma a su equipo:

> *«Señores, en el cómic de Pogo aparecía un personaje que decía: "La solución es evidente, o nosotros nos convertimos en ellos o ellos se convierten en nosotros". Puedo asegurar a todos los que estáis en esta sala que nadie va a convertirse en vosotros. Vosotros vais a convertiros en Notre Dame. Quiero que aprendáis cómo funcionan las cosas en Notre Dame, cuál es nuestro método. Es de suma importancia que lo aprendáis ahora porque cuando seáis de categoría juvenil o sénior lo podáis transmitir como líderes que seréis a los jugadores más noveles. Esto es fundamental si queremos alcanzar la victoria. No os hemos reclutado para que cambiéis la Universidad de Notre Dame, sino para que cumpláis con la moral y los valores de esta gran institución. No vais a cambiar Notre Dame, pero Notre Dame sí os va a cambiar a vosotros».*

El cómic de *Pogo* no tendría ninguna relevancia hoy en día, ya que fue de actualidad en la época que Lou Holtz ejercía como entrenador. No obstante, puedes encontrar tus propias ideas en periódicos, películas o libros. Las citas de programas televisivos de actualidad, de famosos, de eventos deportivos o de cualquier suceso que hayan causado sensación pueden ser una muy buena herramienta con la que exponer tus ideas. Citando sucesos de actualidad das a tus presentaciones la impresión de que están al día.

Dales vida a los hechos y estadísticas

«Lo principal en la educación intelectual no es el aprendizaje de los hechos, sino cómo darles vida».

OLIVER WENDELL HOLMES,
juez estadounidense

Los hechos y las estadísticas pueden ser una poderosa herramienta, pero también pueden ser aburridos. Cuando los emplees, hazlo con propiedad y sensatez. Dales vida. Añádeles aquello que a la gente realmente le interese, así como ejemplos para darles cuerpo.

En 2002 trabajé con la exgobernadora de Massachusetts Jane Swift para preparar su discurso sobre el estado de la enseñanza. El estado de Massachusetts acababa de aprobar una ley por la cual era obligatorio hacer un examen de comprensión general en las escuelas públicas del estado.

La primera versión del discurso de la gobernadora Swift destacaba el número de estudiantes que aprobaban el examen del Massachusetts Comprehensive Assessment System (MCAS):

«Es un honor para mí anunciar que ha crecido el número de estudiantes que aprueban el examen. En la reevaluación de mayo, el ochenta y cinco por ciento de los alumnos del 2003 habían superado la parte de matemáticas del MCAS».

Quizás habrás notado que hay un problema en la afirmación anterior, y es que el quince por ciento de los estudiantes suspendieron. Algo así sería inaceptable para la crítica. A continuación, te mostramos cómo destacar la parte positiva de la estadística para causar una opinión favorable:

«Las cifras son alentadoras, pero lo que me inspira de verdad son las historias de superación, como la de Thomas Martin, del Instituto Durphy de Fall River, que se encuentra aquí presente hoy.

»Como muchos de los jóvenes de su edad, Tom ha tenido que lidiar con la presión de compaginar la escuela con el trabajo. Pero, a diferencia de muchos estudiantes, también tuvo que afrontar el enorme dolor de perder a su padre, a sus abuelos y a un tío, y todo en un corto periodo de tiempo. La escuela era lo

último en lo que pensaba, y así lo evidenciaron los resultados de su primer examen del MCAS.

»Sin embargo, Tom no se dio por vencido. Asistió a todos los refuerzos escolares y extraescolares del Durphy. Buscó ayuda y consejo de sus maestros, así como el apoyo de su madre. De este modo, el diciembre pasado, Tom no solo aprobó el examen del MCAS sino que se autosuperó, escalando veintiocho puntos en lengua inglesa y veinte en matemáticas. Quisiera felicitar a Tom por su mérito y determinación».

Las estadísticas no siempre te ayudarán a explicar tus razones y, aparte, son de lo más aburrido. Lo que quieras explicar, hazlo mediante las personas, los lugares y los hechos que hagan cobrar vida a las cifras.

Estilo comunicativo

Una vez incorporados los anteriores consejos en tu discurso, pasemos a analizar el estilo de la presentación. Ten en mente los consejos de esta sección cuando practiques para que puedas desarrollar una presencia sólida y dominar el escenario.

Consejo 1: Encuentra tu estilo de expresión auténtico y personal

Cuando des un discurso, no te preocupes por impresionar a la gente con tu perfección. Por el contrario, lo que deberías haber perfeccionado es el modo de expresar tu mensaje con facilidad. Un director ejecutivo debe tener el control del escenario. No tomas el control de este simplemente por deambular por ahí con seguridad, sino que lo dominas cuando parece que este sea tu medio natural. Tu postura, tu voz, tus expresiones faciales, tus movimientos, tu gesticulación, tu ritmo, tus pausas y tener el tiempo bajo control contribuye, todo ello, a que se te vea cómodo en el escenario. Es importante dominar estos aspectos ya que la audiencia relaciona tu habilidad para *hablar* con tu habilidad para *liderar*.

La experiencia te hace desarrollar esta comodidad sobre los escenarios. Cuanto más hagas algo, más cómodo te sentirás haciéndolo. También lo vas a notar si conoces bien tu tema. Tienes que practicar todos tus discursos hasta que hayas interiorizado el mensaje de cada uno.

Durante el desarrollo de tu estilo comunicativo, recuerda que lo más importante es que seas fiel a ti mismo: tus palabras, tu voz, tus expresiones, tu acento, y tu estilo de expresión en general tienen que ser auténticos. Muchas personas se pasan a «modo presentación» y empiezan a hablar y a parecer diferentes en cuanto ponen un pie en el escenario. No caigas en esta trampa. En vez de esto, utiliza los consejos que te ofrecemos en esta sección como guía para crear tu propio estilo auténtico con el que te sientas cómodo.

Consejo 2: Lenguaje corporal

Antes de empezar a hablar, la gente ya te ha tomado medidas. Tu forma de estar de pie y de moverte crea una poderosa impresión. Los buenos oradores parecen tener el control de sí mismos, saben cómo mover el cuerpo: un exceso de movimiento, como tu ritmo o la gesticulación de tus manos, te hace parecer nervioso. Todo movimiento en un escenario ha de tener un propósito.

Tu posición inicial debería ser con las piernas un poco separadas, con la espalda recta y los brazos uno a cada lado, sin cruzarlos, sin llevártelos detrás de la espalda y sin juntar las manos. Estas pueden parecerte una posición natural, pero te hacen parecer nervioso. Más adelante, hablaremos sobre cómo has de poner las manos.

Ve cambiando el peso de lado para no parecer que estás rígido. Si quieres ir a cualquier otro punto del escenario, ve sin vacilaciones y permanece ahí: no repiquetees con los pies ni te balancees. Si no estás seguro de aparentar una posición natural de este modo, grábate mientras te mueves por el escenario y mientras permaneces de pie. Aunque pueda no parecer natural la posición de mantener los brazos uno a cada lado y moverte deliberadamente, te lo va a parecer cuando hayas practicado lo suficiente. Graba uno de tus discursos y, si ves movimientos raros o repetitivos que podrían distraer, deja de hacerlos. No hay nada que debilite más tu presencia en un escenario que los movimientos constantes e innecesarios.

Consejo 3: Expresiones faciales

Quieres que la gente sepa que te alegras de estar ahí, y esto significa sonreír y cautivar a la audiencia con la mirada. Una sonrisa agradable y un contacto visual atento y constante dice mucho sobre tu nivel de confort. Esta es la forma de conectar. Si te has grabado dando un discurso, puedes mirarlo de nuevo para cerciorarte de si expresas debidamente tus emociones mediante las expresiones faciales.

Cuando estés mirando a una audiencia, mírala de verdad e intentar trabar conexiones. Siempre podrás llevar a cabo lo anterior a no ser que se te vaya la mirada constantemente. Concéntrate en un grupo cada vez, sin ir barriendo la sala con la mirara; en vez de esto, trata de encontrar la mirada de las personas de la audiencia. Incluso si solo estás mirando a una persona, toda la gente de su alrededor va a tener la sensación de que te fijas en todos en general.

Consejo 4: Gesticulaciones

Tus gesticulaciones deberían ser breves, con propósito, a la par que descriptivas. Usa las manos para «dibujar» una idea. Recuerda que debes mantener las manos en los laterales del cuerpo a no ser que quieras ilustrar una idea. Pruébalo ante un espejo e intenta conectar las manos con tus palabras: ¿Cómo representarías las expresiones de tiempo tales como «antes», «entonces» o «después»? ¿Cómo usarías tus manos para describir la idea de «de mayor a menor»? ¿Cómo representarías un «gran abanico de opciones»? ¿Y con respecto a contar el «primero», «segundo» y «tercero»?

Cuando tengas dominados algunos de estos gestos, practica tu discurso entero ante un espejo. No tienes por qué gesticular en cada frase, solo ahí donde aporte matiz a lo que quieres explicar.

Consejo 5: La voz

El secreto para desarrollar una buena voz es ser conversacional. Muchos oradores parecen neutros o monótonos cuando se ponen ante un micrófono. Tu voz debe tener las mismas cualidades que tu voz conversacional: volumen, tono, inflexión, ritmo, acento y expresión. Si no sabes si eres o no conversacional, te vendría bien grabarte durante un discurso.

Los problemas más comunes son los que se detallan a continuación:

— Una voz monótona que parece que esté leyendo.
— Un ritmo demasiado rápido o demasiado lento.
— Expresiones raras o mala elección de palabras.
— Pronunciaciones inusuales o formales.
— Un volumen demasiado elevado o demasiado bajo.

«Habla poco, habla despacio, y no digas mucho».

JOHN WAYNE, actor

Para el desarrollo de un estilo conversacional, tienes que conocer bien tu discurso. Si sabes lo que vas a decir, sonarás como si estuvieses hablando, no leyendo. Tu voz es una de las herramientas más poderosas que posees como orador, y es importante que conectes con la gente mediante tu capacidad conversacional.

Consejo 6: Expresiones y frases hechas

Úsalas por su significado general, sin poner énfasis en ninguna de las palabras. Si haces una pausa en un lugar equivocado, vas a sonar forzado y poco natural. Márcalas en tu guion y practícalas hasta que suenen conversacionales y naturales. Por ejemplo, si sabes la letra de la conocida canción «Una muñeca vestida de azul», nunca la entonarías así: «Tengo... una muñeca... vestida de azul... con... su camisita... y su canesú». A menudo, cuando escuchas el discurso de alguien que no ha practicado o no sabe cómo sigue una expresión, pone las pausas donde no toca.

Apréndete tu discurso para que suene conversacional: «Ten-gou-na muñe-caves-tida dea-zul... con suca-misi-ta y suca-ne-sú».

Consejo 7: La apariencia

Los líderes tienen siempre una apariencia pulcra y profesional, especialmente en un escenario. Para un compromiso público, tienes que ir siempre bien vestido. Incluso si vistes un traje informal, asegúrate de que lo que llevas te queda bien y te favorece, y proyecta así la imagen que quieres tener.

Muestra tu estilo individual mediante la combinación de colores y los accesorios. Para un director ejecutivo es bueno tener una imagen con sello propio. Existen multitud de libros sobre ropa de negocios. Las reglas de un traje o vestido profesional se reducen a la alta calidad del producto, su elegancia, comodidad y adecuación.

Cuando das un discurso, casi siempre la ropa más adecuada es el traje, ya seas hombre o mujer. Como director ejecutivo, habrá veces en las que el ambiente del discurso será familiar y en este contexto llevar un traje informal será perfectamente aceptable. Las reglas para el traje informal son las mismas: que sea buena tela, aunque un poquito más informal. Hay que preservar la calidad, la elegancia, la comodidad y la adecuación.

Consejo 8: Memorizar

No aconsejo a la gente que memorice un discurso de principio a fin, pues es prácticamente imposible, e innecesario. Sin embargo, tampoco debería ser leído tal cual. Se tiene que estar perfectamente familiarizado con el texto para usarlo solo como referencia.

Una vez, cuando trabajaba como presentadora de televisión, me quedé en blanco en el lugar de los hechos mientras presentaba la noticia. Había memorizado la información, pero mi mente se quedó en blanco ante decenas de miles de espectadores. Después, ya de vuelta al plató hacia la medianoche, Paul Gluck, el realizador, me hizo sentar. «¿Se puede saber qué te ha ocurrido?», me preguntó. «No lo sé», respondí yo, «Me lo había memorizado, pensaba que me lo sabía. ¡Lo había repasado tantas veces!». Paul hizo la siguiente observación: «Este ha sido tu primer error. Memorizar las cosas no da resultados. Es olvidarte de una palabra y ya te olvidas de todo lo que sigue». Hay que recordar conceptos y expresiones, pero nunca memorizar un texto palabra por palabra.

Consejo 9: El teleapuntador

Los teleapuntadores son dispositivos que muestran el texto situados en la parte delantera de la lente de la cámara o delante del orador durante un discurso; un invento maravilloso. Con el teleapuntador se mejora drásticamente el contacto visual. No obstante, hay que saber usarlo, de lo contrario va a parecer que estás leyendo y esto desbaratará el propósito del mismo.

Incluso si usas un teleapuntador, tienes que practicar tu discurso al menos cinco o seis veces para no depender del texto en pantalla. Tu objetivo es aprenderte e *interiorizar* el mensaje. Cuando te sabes el discurso, el teleapuntador se limita a pasar el texto o bien te recuerda lo que tenías que decir. No muevas los ojos de un lugar para otro, mira directamente enfrente. Mirar de un lado a otro evidencia que estás leyendo.

Sumario

Consejo de último minuto: Antes de salir a dar un discurso, practica el inicio y el final del mismo. Esto hará que empieces con buen pie y que acabes con un gran final.

Si dispones de más tiempo: Graba tu discurso entero en un documento de audio y vuelve a escucharlo. Pon atención a la duración y a las historias que cuentas, las anécdotas y el humor. Incorpora alguna mejora.

Plan de mejora continua: Recopila historias, chistes y todo aquel material que pueda ser útil para tus discursos. Algunas de las historias se pueden usar en distintos discursos para transmitir la misma idea. Tómate tiempo para redactar las historias, ya que resulta más sencillo modificarlas o mejorarlas cuando puedes leerlas sobre papel.

10

Las presentaciones

«*Con una buena presentación conseguirás
una reputación de empresario experto en tu trabajo*».

JEFFREY J. FOX, escritor,
Cómo llegar a director general

El *Diccionario* de la RAE define *presentación* como «acción y efecto de presentar o presentarse», y, a su vez, *presentar* es definido como «dar voluntaria y gratuitamente algo a alguien, dar a conocer al público a alguien o algo». Si pensamos en una presentación como algo que se da voluntaria y gratuitamente, el término adquiere un nuevo significado. Como presentador, tienes que dar algo para la mente de los demás.

Entrando en el tema de debate, personalmente definiría la presentación como algo diferente al discurso. Para mí, una presentación es un «discurso funcional», pues es de carácter práctico, específico, se centra en el contenido y trata minuciosamente un tema. La presentación se centra en la información, y esta sirve a la audiencia: educa, crea tema de debate y discusión, mejora la toma de decisiones o vende un producto o servicio. Muy a menudo, la presentación incluye materiales visuales como diapositivas, gráficas, planes de acción, libros de presentación, hojas de trabajo, folletos y modelos, así como pruebas, representaciones, música u otros tipos de experiencias para el público.

Como director ejecutivo puedes dar una presentación de junta o ante inversores, el equipo ejecutivo, empleados, clientes, analistas o medios de comunicación. Tienes distintas audiencias a quienes dar diferentes clases de presentaciones, razón por la que tienes que desarrollar este aspecto tan fundamental.

Las presentaciones guardan ciertas similitudes con los discursos. Igual que en estos últimos, las presentaciones deben tener la audiencia como foco. A veces no sabemos demasiado acerca de nuestra audiencia, y sin embargo deberíamos, pues es la forma de elaborar una presentación que sea de su interés. Por este motivo he creado el siguiente Método de intereses de la audiencia, una técnica pensada para que aquellos que deban dar una presentación puedan elaborar un contenido basado en la audiencia.

Este método ha ayudado a cientos de personas que como tú querían llevar a cabo un enfoque estratégico de los intereses de la audiencia. Me propuse desarrollarlo porque, así como existen multitud de libros que te recomiendan centrarte en la audiencia, a algunas personas les resulta difícil llevar este consejo a la práctica. Algunos arguyen que no saben demasiado sobre su audiencia en particular y que no disponen de métodos para averiguarlo. Este método te será de ayuda para sortear esta brecha de información.

Método de intereses de la audiencia

El Método de intereses de la audiencia está compuesto por cuatro pasos:

Paso 1: Apunta el tema sobre el que vas a tratar y describe a tu audiencia.

Tema y audiencia

Paso 2: Haz una planificación de tu presentación.
Anota todo aquello que te propongas para la presentación: qué quieres contar a la gente, qué información deberías proporcionarles, qué quieres persuadirles que hagan, qué reacción quieres provocarles.

Mi planificación

Método de intereses de la audiencia (Cont.)

Paso 3: Anota los intereses de la audiencia.
Olvídate de ti y de lo que quieres. En su lugar, imagínate que eres tú quien está sentado junto con el resto de la audiencia. ¿Para qué están ahí? ¿Qué es lo que les quita el sueño por las noches? ¿Cuáles son sus problemas y necesidades? ¿Qué cuestiones esperan que les resuelvas? ¿Por qué han sacrificado su valioso tiempo para asistir a tu presentación? Incluso si desconoces a los miembros de tu audiencia, tu deber es saber por qué están ahí, o al menos descubrirlo. Cuando tengas la respuesta, anota sus intereses.

Los intereses de la audiencia

Paso 4: Compara tu planificación con los intereses de la audiencia.
Si has realizado la tarea debidamente, eso es, pensando realmente como lo haría tu audiencia, seguramente te habrás dado cuenta de que ambos documentos son dispares. Puede que haya algunas similitudes, pero la verdad es que la mayoría de la gente observa que su propia planificación no coincide con los intereses de la audiencia.

Aquí es cuando recomiendo a mis clientes que dejen a un lado su planificación y que trabajen estrictamente en función de los intereses de la audiencia. Ciertamente, tú ya conoces tu propia planificación; entonces es hora de centrarse en los intereses del público. Demuéstrales que los conoces. Confecciona la planificación de tu presentación basándote en la razón por la que toda esta gente está ahí.

Planificación de la presentación

El Método de intereses de la audiencia te ayuda a reflexionar entre la planificación que tienes en mente y los intereses de la audiencia. Al realizar este ejercicio, descubrirás que sabías más de lo que te pensabas. Incluso si nunca has conocido ni hablado con ninguna de estas personas, este método te va a funcionar. Con este ejercicio serás capaz de generar, organizar y presentar un material extraordinario.

El gran valor de este Método de intereses de la audiencia es que funciona para todas las presentaciones, tanto si conoces a tu audiencia como si no. De lo que vas a estar seguro es de que estarás ofreciéndoles información importante para ellos. Realizar este ejercicio requiere muy poco tiempo, pero el resultado merece la pena. Evitarás pasarte horas elaborando presentaciones sin ningún tipo de conexión con el público.

Si alguna vez has tenido que estrujarte los sesos para decidir qué información añadirías y de qué información ibas a prescindir, este método te será de gran ayuda. Te recomiendo que hagas este ejercicio antes de recopilar bibliografía, preparar diapositivas o elaborar folletos. Pon en común tu planificación con los intereses de la audiencia, y luego pasa a preparar los materiales. Pon lo más importante por encima de todo, de esta forma, si ves que no te da tiempo dar toda la presentación, por lo menos habrás cubierto aquella información más relevante para tu audiencia.

«El que habla mucho está muy equivocado».

BENJAMIN FRANKLIN,
científico y diplomático

En caso de no tener tiempo para prepararte

Una ejecutiva empresarial que andaba muy ajetreada esperó, como siempre, hasta la noche antes para preparar su presentación de la junta. Se pasó horas escribiendo un informe que iba a leer al día siguiente. La presentación fue aburrida y apagada, y dio la impresión de no saber de lo que hablaba, aunque no fuera cierto. Tuvimos que idear un método más eficiente para ayudarla a preparar sus presentaciones. Me contó que le gustaría poder prepararse para estas reuniones, las cuales tenía con mucha frecuencia, con tan solo treinta minutos o una hora de preparación. Así pues, desarrollamos el Método de preparación rápida para organizar cualquier presentación.

Método de preparación rápida para organizar presentaciones

Empieza anotando las preguntas que supones que te hará la audiencia en caso de tener que dar una charla improvisada sobre uno de tus temas. Imagínate que llegas a la reunión y se te pide en ese momento que respondas a algunas de las preguntas que el grupo tiene para ti. ¿Qué te preguntarían? Ponte en su piel y anota una lista verosímil de preguntas que te harían. Dicha lista podría tener un aspecto semejante al que tienes a continuación:

Preguntas para una preparación rápida

— ¿De qué trata este proyecto o actividad?
— ¿Por qué lo vamos a llevar a cabo o por qué valoramos llevarlo a cabo?
— ¿Qué ventajas supone?
— ¿Qué desventajas conlleva?
— ¿Cuál va a ser su coste?
— ¿De dónde obtuviste la propuesta?
— ¿Por qué crees que va a dar resultado?
— ¿Qué alternativas hay?
— ¿Qué decisión debemos tomar como grupo?
— ¿Cómo vamos a calcular las probabilidades de logro?
— ¿Cuál será el siguiente paso?

Anota cada pregunta con un poco de espacio entre ellas para escribir luego las respuestas. Escribe, con fórmulas cortas, las palabras clave. Para empezar, necesitas tener al alcance de la mano los hechos y los puntos clave. Cuando hayas terminado, tendrás a tu disposición un resumen para tu presentación: cada pregunta y cada respuesta serán párrafos para tu presentación.

Para empezar cada párrafo, puedes hacer la pregunta o lanzar una afirmación, por ejemplo: «Permítanme que les explique cómo llegamos a esta propuesta», o bien: «¿Cuál es el siguiente paso?». Si has anotado las preguntas pertinentes en orden lógico, ya tienes preparada tu presentación. Y tienes el convencimiento de que va a funcionar porque estas son las preguntas que la audiencia te habría preguntado con toda certeza.

La ejecutiva empresarial corrigió su enfoque caótico de preparar presentaciones que le suponía una gran pérdida de tiempo, y el cambio tuvo un impacto muy positivo. Sus presentaciones eran ahora mucho mejores e incluso llegó a esperar con ilusión las reuniones de junta mensuales. Si te centras en la audiencia, pones las preguntas y les das respuesta, estás haciendo un uso eficiente de tu tiempo a la par que mejoras tus presentaciones.

Con o sin PowerPoint, esa es la cuestión

Dolores Mitchell, inspectora de seguros de Massachusetts, es una habitual oradora que nunca usa PowerPoint. Cuando las organizaciones le piden que use PowerPoint en sus presentaciones, les dice que no es la persona que están buscando. «Si vas a cualquier presentación en la que el orador está usando PowerPoint», dice, «la totalidad de la audiencia estará embobada con la pantalla, lo cual es contraproducente».

Las diapositivas son una bendición y una maldición a partes iguales para cualquier presentación. La gente ya ha visto muchas presentaciones en las que se ha usado PowerPoint, así que ya no les impresiona, a no ser que las dispositivas estén bien diseñadas e implementadas.

Por otro lado, las herramientas visuales como las diapositivas son una forma eficiente y efectiva de transmitir detalladamente la información. Lo que no puede ser es que estas pasen a ser el centro de atención, siendo este el espacio que debería ocupar el orador en todo momento. Si dependes demasiado de las diapositivas, no te ganarás a la audiencia. Se deberían usar solo para resaltar lo que decimos.

Las diapositivas no deben estar muy cargadas, sino nítidas y legibles, con letra generosa y gráficos a color. El objetivo de una diapositiva es que se comprenda fácilmente. Si la letra es demasiado pequeña o si la diapositiva está sobrecargada, solo conseguirás que, o bien la gente lea la diapositiva e ignore lo que dices, o que te escuchen pero haciendo caso omiso de la dispositiva. Nunca he conocido a nadie que pueda leer y escuchar al mismo tiempo. Si quieres ofrecer información detallada, añádelo como anexo de tu presentación, pero no en medio de las diapositivas. Si lo prefieres, puedes contratar a un diseñador gráfico profesional para que te eche una mano.

Recuerda que tanto tú como tu tema sois los protagonistas de la presentación. Incluso teniendo información muy detallada que ofrecer, puedes animarla con historias, ejemplos, preguntas, hechos curiosos y todo aquello de lo que hemos hablado en el Capítulo 9.

Puede que prefieras no usar diapositivas para tus presentaciones. Si este es el caso, apaga el proyector o pon la pantalla en negro para que la audiencia se centre solo en ti. Saber manejar la tecnología es tan importante como crear buenas diapositivas.

Preguntas y respuestas sobre PowerPoint

Para que te hagas una idea, la experta en diseño gráfico Ellen Mosner nos ofrece algunas indicaciones:

P: ¿Cuál es el error más frecuente que comete la gente a la hora de preparar una presentación en PowerPoint?
R: Poner muchas palabras, demasiadas.

P: ¿Qué es lo que hace que una presentación en PowerPoint funcione?
R: Dar conceptos clave para potenciar el discurso del orador —no se debe reproducir nunca todo el discurso en las diapositivas—, y, por supuesto, imágenes y gráficos.

P: ¿Cuántas palabras deberían aparecer en la pantalla? ¿Cuántas diapositivas por minuto o por cada treinta minutos?
R: Siempre aconsejo la regla del seis por seis: seis conceptos clave por diapositiva como mucho, con un máximo de seis palabras cada uno.

P: ¿Qué más podrías recomendar para conseguir una presentación atractiva para la audiencia?

R: Creo que lo más importante es conocer a tu audiencia. Algunos grupos funcionan muy bien con imágenes prediseñadas, quizás algunas de ellas animadas. Otras presentaciones pueden funcionar mejor con fotos que con imágenes prediseñadas. El tipo de audiencia más «seca» seguramente preferirá gráficos a imágenes, pues para ellos estos son visualmente mejores para mostrar las tendencias y otros mensajes.

P: ¿Hay algo en especial que te gustaría que la gente supiese acerca de las presentaciones gráficas?

R: Me gustaría que todo el mundo pudiese entender que, cuando hablas, si tienes a la audiencia embobada con las diapositivas, no te escucharán como quieres que te escuchen. Ni siquiera van a poder entender lo que leen, ya que te escuchan hablar. Se pone en riesgo tanto la lectura como la atención.

> *«Nuestra gente pública habla cada día sobre algo, pero en realidad no dicen nada».*
>
> WILL ROGERS,
> humorista estadounidense

Consejos para presentaciones

Ahora que has analizado a la audiencia, has preparado las diapositivas y has practicado la presentación, ya estás listo para empezar. El resto de este capítulo te ofrece consejos para dar grandes presentaciones y para que aproveches así lo mejor que cada oportunidad te brinde.

Cuidado con tu manera de decir las cosas

Lo que dices importa, y la manera en que lo dices también. Puedes transmitir tu mensaje de muchas maneras distintas, pero, para ser eficaz, tienes que elegir bien tus palabras. Phil Lussier, presidente de la Sección Institucional de Citistreet, un departamento de State Street

Bank and Citigroup, nos cuenta la historia de su vuelo de Cleveland durante un viaje de negocios. El vuelo hacía escala en Cleveland en dirección a Salt Lake City.

«La azafata de vuelo informó por megafonía que los pasajeros que continuasen hasta Salt Lake City debían abandonar el avión en Cleveland, ya que la tripulación no continuaba hasta Salt Lake City. Repitió hasta dos veces que esta tripulación no iba a ser ya su tripulación», nos relata. «Fue de lo más desagradable. Las palabras que eligió me hicieron preguntar por qué la aerolínea no redacta estos mensajes para tales situaciones», continúa. «Si simplemente hubiera dicho: "Señoras y señores, para su comodidad les informamos que debemos revisar la aeronave. Por eso les agradeceríamos que bajasen del avión en nuestra parada en Cleveland", la gente lo hubiera agradecido en lugar de molestarse».

¿Cómo se traduciría esto en el campo de las presentaciones?

«Creo que lo que importa es cómo lo dices», señala Phil, y añade: «Al personal de nuestra organización les digo que no es lo que ellos *creen* que le dicen a alguien, sino lo que este alguien *escucha*».

Haz que sea agradable: ponle humor a tu presentación

En los capítulos 5 y 9 hablamos sobre lo que se consideraba gracioso y cómo crear humor original. Recuerda, todo aquello que resulte complicado, difícil, retador, problemático o que cause ansiedad tiene todo el potencial para convertirse en humor. No detengas el humor una vez hayas empezado a soltar frases graciosas. Aliña tu presentación con un poco de humor y de este modo será más divertido tanto para ti como para la audiencia. Como me dijo una vez un director ejecutivo: «El mayor error que cometen los directores ejecutivos ante la audiencia es empezar con un chiste y creer que con esto basta; luego le sigue una hora de seriedad. Es de lo más tedioso».

Él mismo halló la forma de mantener el interés de la audiencia: «Descubrí lo que le hace reír a la gente», afirma. «Si consigues descubrirlo, tienes al público ganado».

Si todavía buscas la fórmula de hacer reír, piensa en la audiencia. Revisa de nuevo tu Método de intereses de la audiencia y halla aquello que, a partir de su experiencia, pueda ser difícil o retador. Con tu buen juicio, puedes convertir dichos problemas en oportunidades para la sonrisa, o inclusa la risa.

Emplea un lenguaje inclusivo

Emplear un lenguaje inclusivo te permite romper el muro que te separa de la audiencia. Palabras del tipo *vosotros, vuestro, nuestro* y *nosotros* te ayudan a construir puentes y a que la gente sienta que formamos un solo equipo. Por ejemplo, cuando des inicio a tu presentación, podrías empezar con: «De lo que me gustaría hablarles es...», o mejor aún, empieza con la palabra *ustedes* o sus derivados: «*Les* doy mis más sinceras gracias por haberme invitado a hablar de...». Con el segundo enfoque estás mostrando a tu audiencia que piensas en ellos desde buen comienzo.

El empleo de un lenguaje inclusivo produce una impresión muy potente. Hace poco estuve trabajando con una oradora con experiencia pero que todavía no dominaba el lenguaje inclusivo. Durante la práctica, empezó diciendo: «Buenas tardes. Estoy muy contenta de poder estar aquí para hablar de los beneficios de nuestro producto de inversión. Se trata de un producto excelente con enromes beneficios, y debo decir que hasta ahora hemos trabajado de maravilla con él».

¡No, no y no!

¿Cómo le dimos la vuelta?

«Gracias por la oportunidad que me dan de estar aquí hoy. Agradezco enormemente la colaboración de su organización con la nuestra. Nos dieron la oportunidad de comprender muchas de las situaciones que tienen que afrontar, y nos han pedido que intentemos hallar la solución a tales situaciones. Nuestro cometido se centra en algunos aspectos que pueden ser de su interés».

¡Menuda diferencia! Al final zanjaron un acuerdo.

Cuando empieces a emplear con frecuencia un lenguaje inclusivo, cada vez te saldrá con más naturalidad. Para practicar, grábate y obsérvate en vídeo; cuenta el número de veces que empleas un lenguaje inclusivo. El lenguaje inclusivo es una técnica sutil, aunque poderosa, para ganarte a la audiencia. Una vez que hayas adquirido el hábito de emplearlo, te saldrá de lo más natural.

Sé algo impredecible

Ann Murphy, vicepresidenta de O'Neill Associates, una empresa de comunicación y relaciones gubernamentales, ha ayudado a varios directores ejecutivos y líderes políticos a preparar sus discursos y entrevistas. Tras todos estos años, nos asegura que Tom O'Neill, su jefe, es de los mejores que haya tenido nunca.

«Solía pasearse por la sala y preguntar a la gente dónde habían crecido de niños y por qué estaban hoy aquí. En poco tiempo, la gente se sintió involucrada, ya que sabían que en cualquier momento Tom les podía preguntar algo», nos cuenta. «Su humor irlandés es lo que le da este carisma, y siempre está contando alguna que otra gran historia. Pero también el hecho de que es una persona impredecible. La gente ni siquiera puede imaginarse lo que seguirá, y solo esperan a que les haga alguna pregunta. Esto le convierte en un orador que sabe cómo involucrar a los demás».

¿De dónde saca el tiempo O'Neill para sorprender con distintas historias y anécdotas en cada presentación? Ann dice que sus empleados acuden a él antes de las presentaciones para interrogarle acerca de las audiencias ante las que habla, y procuran hacerlo con tiempo de ventaja —una o dos semanas antes de la presentación— para que empiece a reflexionar sobre lo que le puede añadir a su presentación para hacerla algo más entretenida. De esto modo, tiene tiempo de prepararse los chistes y anécdotas para su presentación que le ayudarán a captar la atención de la audiencia.

Si quieres ser impredecible tienes que invertir tiempo en jugar con los conceptos. Piensa en aquello que podrías hacer para marcar la diferencia o para hacer algo fuera de lo común. Para adquirir herramientas más eficaces, también puedes observar cómo lo hacen los buenos oradores. No hay nada malo en tomar prestada alguna táctica que funcione, como la de pasearte por la sala y hacer preguntas sobre la audiencia. Hazlo como mejor te apetezca. A las audiencias les encanta que les dejen perplejas y hacer de su experiencia algo memorable.

La importancia de las palabras

Si controlas el lenguaje, controlas la conversación. Las palabras importan. A mediados de la década de los noventa, los vendedores de automóviles buscaban la manera de vender millones de coches de alquiler que tenían aparcados. El término «coche de segunda mano reformado» no era demasiado cautivador. Marcas de lujo como Mercedes-Benz o Lexus acuñaron un nuevo término: «automóviles de segunda mano certificados».

Los clientes consideraban una buena opción la compra de un coche de dos o tres años de antigüedad con garantía y con el debido sello del fabricante. Las ventas se dispararon. El número de coches vendido pasó de 452.829 en 1997 a 1.160.707 en 2002, según CNW Marketing Research, Inc. Hoy en día, casi todas las marcas de coche ofrecen programas de este tipo. Solo con pulir el lenguaje se subsanaron todas las reticencias de los compradores para hacerse con un coche de segunda mano y esto atrajo a la clientela a los concesionarios.

Elegir bien tus palabras te puede ayudar a vender una idea. Si dominas el lenguaje, dominas los resultados. Debes emplear un lenguaje cuidadoso, claro y descriptivo. Dedícale tiempo a la elección de tus palabras y expresiones.

Invéntate frases con garbo que puedan recordarse

No me considero una gran entusiasta de los lemas y consignas, ya que pueden ser el tema de burla de la pausa para el café. Sin embargo, una buena frase con garbo puede ser de lo más efectiva a la hora de expresar un concepto o mensaje aunque solo si tiene ese garbo, y si es relevante, pero nunca debe estar fuera de tono.

Por ejemplo, un verano en que pasábamos las vacaciones en las Bermudas, el taxista que me llevaba a mí y a mi familia desde el aeropuerto nos recordó que no debíamos alquilar motocicletas, argumentando que en las Bermudas la gente conduce por la izquierda. De camino por la serpenteante carretera de dos carriles, con matorrales haciendo de muro en todo lo largo de esta, nos preguntamos cómo no había más accidentes.

Le pregunté al taxista: «¿Y cómo se acuerdan los americanos que deben conducir por la izquierda?»

«Pues a veces no se acuerdan», dijo con una carcajada. «Aunque tenemos una regla muy simple: por la izquierda está bien, por la derecha mal».* Así pues, ahora teníamos una consigna fácil de recordar y además relevante e inteligente, pero no fuera de tono.

Si quieres que tu audiencia se acuerde de algo, puedes ponérselo fácil con una frase con garbo, pero que no sea demasiado remilgada. De todos modos, si te viene algo a la cabeza, pruébalo con alguien y, si ves que funciona, úsalo. Puede ser la mejor manera de destacar una de tus ideas.

La imagen puede ser el mensaje

La doctora JoAnn Manson, jefa del Departamento de Medicina Preventiva y codirectora del Centro de Salud de la Mujer del Brigham and Women's Hospital de la Facultad de Medicina de Harvard, dio una presentación a un grupo de mujeres de negocios de alto nivel. Tengo que admitir que tenía mis dudas acerca del interés que podría suscitar a un grupo así a estas horas de la mañana lo que mi marido ingeniosamente etiquetó como un «tema escolar»: «La salud de la mujer: toma las riendas». Los temas escolares son algo que tienes que ver o escuchar sí o sí, son importantes aunque no necesariamente tienen que gustarte.

Cuando JoAnn salió al estrado, podías notar cómo la audiencia se preparaba para escuchar un discurso sobre enfermedades coronarias y obesidad. Sin embargo, se ganó al público desde buen comienzo gracias a una imagen: la foto de unas escaleras mecánicas al lado de una con peldaños en un concurrido centro comercial. En la escalera no automática había una mujer subiendo en solitario; en las mecánicas, al menos una docena de hombres y mujeres parados mientras iban ascendiendo, gastando unas pocas y valiosas calorías. La audiencia estalló a reír. La oradora hizo una pausa, sonrió y no dijo mucho más, no hacía falta más explicación. Todo el mundo lo había entendido.

---

* En inglés «Left is right, and right is wrong», donde se juega con el doble sentido de la palabra *right* ('correcto' y 'derecha', respectivamente), lo cual ayuda, a partir de la mnemotecnia, a interiorizar el mensaje. (*N. del T.*)

Las imágenes pueden ser la forma más poderosa de transmitir un mensaje. Busca maneras creativas para hablar de tu tema y reducirás el factor escolar.

Sumario

Consejo de último minuto: Usa el Método de preparación rápida si no dispones de mucho tiempo para prepararte tu presentación. Anota las preguntas que te hará la audiencia y prepara las respuestas con conceptos clave.

Si dispones de más tiempo: Usa el Método de intereses de la audiencia para hallar lo que los miembros de tu audiencia quieren saber. Céntrate en sus intereses. Organiza tu presentación en función de aquello que quieran saber y no de aquello de que tú quieres hablarles.

Plan de mejora continua: Contrata a un diseñador profesional para crear mejores diapositivas, libros, fotos y folletos para tus presentaciones. Sé creativo. Usa la imaginación. Podrás ver sus frutos en las presentaciones.

11

Las sesiones de preguntas y respuestas: responder al momento

«Lo importante es no dejar de hacerse preguntas».

Albert Einstein,
premio Nobel de Física

Si eres el líder de tu organización, tendrás que afrontar preguntas peliagudas. Tanto las reuniones con tus empleados como las de junta, con clientes, entrevistas con medios de comunicación, reuniones ciudadanas, comités legislativos, foros y discursos públicos conllevan, todos ellos, sesiones de preguntas y respuestas. Saber manejar la mayoría de estas sesiones no es tan complicado, pues ya conoces la mayoría de las respuestas. No obstante, estas sesiones pueden complicarse debido a controversias, asuntos privados, litigios, sensibilidades, decisiones pendientes, errores y malentendidos.

Cuatro normas para una sesión de preguntas y respuestas

El trabajo de un líder es dar respuesta a las preguntas. De hecho, su trabajo es invitar a que le hagan preguntas. Estas te dan la oportunidad de dirigir la conversación; es mejor que te hagan preguntas peliagudas a que no te hagan ninguna. Si en el momento de hacer preguntas la sala permanece callada, no es muy buena señal, ya que puede significar que la gente se marcha con cuestiones sin aclarar, y esto puede repercutir más adelante en tu reputación. Tienes que interesarte por las cuestiones que rondan por la cabeza de la audiencia, porque las preguntas dejan claro cuáles son las incertidumbres de la gente al tiempo que te ofrecen la oportunidad de darles respuesta.

Así pues, como director ejecutivo aprendes a agradecer las preguntas peliagudas. Esto tampoco significa que todas las sesiones de preguntas y respuestas vayan a ser agradables. Hay temas sobre los cuales no vas a querer discutir y hay personas duras de roer. Para este tipo de situaciones dispongo de cuatro normas para aplicar en estas sesiones de preguntas y respuestas:

1. Mantén la calma.
2. Sé honesto.
3. Sé accesible.
4. Ten una mente abierta.

Mantén la calma

La norma cardinal, esto es, el concepto número uno que debes recordar para cualquier sesión de preguntas y respuestas independientemente del tema y de la audiencia, es mantener la calma. Pase lo que pase, no te dejes llevar por los nervios. Domina tus emociones, toma el control de la conversación.

Paul Levy, director ejecutivo de Beth Israel Deaconess, fue el jefe de una agencia estatal que estaba bajo las críticas constantes del público y de la prensa. La Autoridad de Recursos del Agua de Massachusetts aumentó el precio del agua a niveles nunca vistos y construyó instalaciones de tratamiento del agua que la gente no quería en sus localidades. Levy asistió a distintos foros y tuvo que hacer frente a complicadas preguntas. ¿Cómo sobrevivió al apuro?

«Simplemente me puse como norma ser amable y respetuoso. Se tiene que comprender que la razón por la que estás ahí es para aguantar los reproches», dice. «Tienes que afrontar las quejas de la gente», nos recalca. «Tienes que mostrar tanto profesionalidad como empatía».

Sé honesto

> *«Ante la duda, di la verdad».*
>
> Mark Twain,
> escritor estadounidense

La segunda norma es ser honesto. La sinceridad no requiere trabajo por tu parte. Debes decir lo que sabes dentro de los límites de la legalidad, la ética y lo adecuado. De este modo ni siquiera tienes que esforzarte para recordar lo que has dicho. En nuestra encuesta, los participantes afirmaron que una de las competencias comunicativas que más valoraban en un jefe era la honradez y la integridad. La gente prefiere escuchar la cruda verdad que una mentira.

Abre el periódico del día que sea y te encontrarás con noticias negativas sobre compañías que mintieron. Las corporaciones y los gobiernos se ven más perjudicados debido a mentiras y tapaderas que por causa de errores. Los errores son perdonables, pero las mentiras son algo intolerable. Los líderes no pueden permitirse eludir la verdad, pues se juegan demasiado en ello.

Decir la verdad no significa contarlo todo. Hay que hablar con sensatez. Antes de cualquier sesión de preguntas y respuestas debes anticiparte a las preguntas y prepararte las respuestas más apropiadas. Si hay algo de lo que no puedas hablar, no hay ningún problema en explicar el porqué de tal imposibilidad. Los asuntos privados y los contenciosos pueden ser razones de lo más habituales. También es aceptable argüir que no sabes la respuesta a algo, si realmente así es. Asimismo, estás en tu derecho de explicar que en estos momentos no puedes hablar sobre algo, pero que más adelante sí te será posible. Abordar las preguntas más peliagudas mediante estos métodos es mucho mejor que engañar a la audiencia. Los anteriores métodos serán de utilidad para tus sesiones de preguntas y respuestas.

Sé accesible

El tercer principio para abordar las sesiones de preguntas y respuestas es ser accesible al público. Como director ejecutivo, no puedes responder a las preguntas o afrontar una conversación si te marchas cuando llega la ronda de preguntas. Un cierto director ejecutivo solventa el problema convocando reuniones ciudadanas en cada una de las cuatro oficinas centrales de su compañía al menos una vez al año. Da un discurso alrededor de treinta minutos y seguidamente permanece ahí durante horas para responder a las preguntas de los empleados. Esta práctica comporta multitud de beneficios.

«Quiero saber lo que les ronda por la cabeza», dice el director ejecutivo. «Y si se diera el caso de que alguno de ellos no se siente del todo cómodo a la hora de ponerse de pie y hacer su pregunta delante del grupo, siempre puede escribirla en un trozo de papel antes de la reunión y nosotros nos aseguramos de leerla».

Si tu compañía dispone de más de un centro operativo, puede suponer todo un reto dar tu disposición a todo el mundo. Los tiempos de desplazamiento de muchos directores ejecutivos son de lo más exigentes; sin embargo, el esfuerzo merece la pena. Los foros cara a cara con preguntas de los empleados, clientes o analistas pueden ser una de las mejores formas de invertir tu tiempo.

Ten una mente abierta

«La cura para el aburrimiento es la curiosidad. Para la curiosidad no existe cura».

DOROTHY PARKER,
escritora y humorista

La cuarta y última norma para hacer frente a las preguntas de la audiencia es tener la mente abierta. La curiosidad te ayudará a ganarte a tu audiencia, pues te hace pensar sobre los demás y te permite escuchar la pregunta en toda su entereza. Tu propósito no se limita a escuchar lo que dicen, sino también lo que sienten. Pon atención a los sentimientos. Identifica la pregunta detrás de la pregunta, llega hasta el fondo de la cuestión.

Tener una mente abierta puede suponer un reto si eres sensible ante un determinado tema. Una vez, estuve instruyendo a un alto ejecutivo de una compañía ferroviaria que estaba siendo investigado por el Gobierno federal. El ejecutivo estaba convencido de que la investigación estaba incitada por motivaciones políticas, pero decirlo abiertamente en público solo hubiese empeorado las cosas. Quería llegar hasta del fondo de la cuestión y poner las cartas sobre la mesa.

En nuestra sesión práctica, estuvo a la defensiva y reacio a la hora de responder a las preguntas. Se cruzó de brazos y se le encrespó la voz ante las predecibles preguntas que le lanzamos. Dos horas nos costó que se relajara y que cambiase su lenguaje corporal y su tono de voz, y eso resultó fundamental para que pudiera exponer su convencimiento ante el público y la prensa.

Tendrás una mente más abierta ante las preguntas si estás preparado para afrontarlas. Los siguientes apartados tratan sobre cómo prepararte para las sesiones de preguntas y respuestas, y te ofrecen una estrategia «patentada» para anticiparte a las preguntas, así como la manera de reconocer los tipos de preguntas complicadas y de organizar tu mente para dar una respuesta inmediata. Empecemos por un método de anticipación a las preguntas: la Solución del 98 %.

La «Solución del 98 %»

Estarás más seguro de ti mismo y a la vez más preparado para una ronda de preguntas si consigues anticiparte a las preguntas de la audiencia. La Solución del 98 % te ayuda a prepararte para casi cualquier pregunta. Aunque puede resultar difícil imaginarse todas y cada una de las preguntas que te hará la audiencia, la mayoría de las veces son obvias. Se trata de tu negocio, vives de él y lo conoces, así que deberías tener una idea de lo que la gente va a querer saber.

La Solución del 98 % se basa, simplemente, en aprender a pensar como lo harían tus críticos más duros y los escépticos más convencidos. Pensar de la misma manera que ellos te permite pasar de una postura defensiva a una postura ofensiva, a la que se llega a partir de su punto de vista, y entonces puedes saber lo que te van a preguntar antes de que lo hagan. Saber de antemano lo que querrán preguntarte te permite estar preparado de un modo eficaz.

Para poner en práctica la Solución del 98 %, anota aquellas preguntas que consideres peores, las que no quieres contestar. No te molestes en anotar también las preguntas a las que no te importaría responder, porque ya conoces su respuesta. Anota solo aquellas que no te gustaría que te hicieran, incluso las que te aterren.

Cuando hayas anotado las preguntas más peliagudas, empieza a pensar su respuesta y escríbela. Creo firmemente en la utilidad de escribir las respuestas, ya que este proceso te permite ver los aspectos de los que necesitas más información. Luego, dedícale tiempo a pensar la frase tal y como te gustaría decirla. Si la pones por escrito, aclaras el mensaje y lo interiorizas.

No improvises nunca la respuesta a una pregunta que involucre temas judiciales, así como asuntos privados, sensibles, malentendidos o errores. Determina hasta dónde puedes contar, así como todo aquello que deberías ahorrarte. Si no puedes dar respuesta a la pregunta, explica tus razones, pues es una herramienta extremadamente útil en este tipo de casos. Incluso una audiencia hostil tendrá que respetar una buena razón que te impida dar respuesta a algo. Encontrarás más consejos acerca de cómo afrontar preguntas complicadas de los medios de comunicación en el Capítulo 12.

El 2 % restante

Incluso pudiendo anticipar el 98 % de las preguntas, el 2 % restante te puede pillar desprevenido. Una forma de lidiar con lo desconocido es hablar de antemano con los miembros de la audiencia. Por lo general, si solicitas reunirte con el jefe de la organización de antemano o si te presentas antes de tiempo en la sala y hablas cara a cara con la gente de la audiencia antes de comenzar la reunión, podrás averiguar qué es lo que te espera.

«Lo que a mí me funciona es presentarme antes de tiempo y relacionarme con la audiencia», dice Paul Levy, quien ha superado multitud de situaciones adversas en las organizaciones que ha liderado. «Llegando antes de tiempo, puedo hacerme una idea de las personas y de sus problemas actuales», explica. Si quieres saber qué piensa la gente, pregúntaselo, y el mejor momento para hacerlo es antes de que comience la reunión.

Tipos de preguntas peliagudas

Existe una gran variedad de preguntas peliagudas, y te será de gran ayuda aprender a reconocerlas. Para afrontar cada una de ellas, una vez reconocidas, existe una estrategia que puedes emplear. Los cuatro tipos principales pertenecen a las categorías de falsa alternativa, irrelevancia, hipótesis y desconocimiento de las fuentes. A continuación te ofrecemos una breve síntesis de cada una junto con consejos para darles respuesta.

Falsa alternativa

La falsa alternativa te presenta dos o más respuestas equivocadas o inexactas entre las que se te obliga a elegir. Tu objetivo ante tal situación es no morder el anzuelo: rechaza el tener que escoger entre las respuestas que te dan y deja las cosas claras. Ve al meollo de la cuestión, básate en los hechos para responder y rebate las implicaciones de la falsa alternativa. Aquí puedes ver un ejemplo:

> **Pregunta:** «Vuestra compañía está cobrando estas tarifas simplemente porque creéis que os podéis permitir hacerlo o porque sois la única compañía en la ciudad?»

> **Respuesta:** «Hemos desarrollado lo que creemos que es un precio justo y competitivo basada en el valor del servicio. Nuestros costes han aumentado un 5 %, pero nuestras tarifas han subido solo un 3 %».

Irrelevancia

Este tipo de preguntas no está estrechamente relacionado con los temas de debate, sino que te hace tomar un curso hacia al cual no quieres ir. No puedes permitirte responder «Sin comentarios», o parecer elusivo o a la defensiva, simplemente quieres alejarte del tema porque no es relevante. Como respuesta, puedes sugerirles un mejor momento, espacio o persona para debatir sobre el tema. Tu objetivo es dar una solución sin quedarte entre la espada y la pared por una pregunta de este tipo. Aquí puedes ver un ejemplo:

> **Pregunta:** «¿Crees que los hombres de nuestra empresa deberían llevar corbata en el trabajo?»

Como respuesta podrías admitir que el código de vestir es todo un tema, tal y como así lo siente quien lo pregunta, pero delegando a otro la responsabilidad de responder propiamente a la pregunta, pues tú no eres el que pone las normas sobre el vestuario, aunque puedes indicar quién sí tiene decisión sobre ello.

Respuesta: «Ciertamente es un gran asunto de debate para cualquier organización, porque queremos proyectar una imagen profesional. Le voy a transmitir la pregunta al personal del Departamento de Recursos Humanos para que lo valoren, y en cuanto tenga la respuesta la pondré a vuestra disposición».

Hipótesis

La hipótesis presenta una situación muy poco probable, en un escenario demasiado futuro, o imposible de predecir. Sin embargo, este es un tipo de pregunta que deberías agradecer, ya que a partir de estas sabes cuáles son las preocupaciones de la gente. Aquí puedes ver un ejemplo:

Pregunta: «Si al final del año perdemos a nuestros dos principales clientes, ¿habría despidos?»

Hay que respetar a la persona que hace la pregunta al tiempo que haces entender que la situación es solo hipotética: poco probable, en un escenario demasiado alejado del presente o imposible de predecir.

Respuesta: «Hemos comunicado a dichos clientes que somos conscientes de nuestros errores y, además, les hemos transmitido nuestro compromiso para con el trabajo bien hecho. Si respetamos nuestro compromiso, estos clientes seguirán con nosotros el año que viene».

Desconocimiento de las fuentes

A veces la gente hace preguntas sobre rumores que ha oído, y otras veces cita fuentes desconocidas para plantear una cuestión. Las preguntas provenientes de fuentes desconocidas pueden ser irritantes y, sin embargo, también deberías agradecer que se hayan puesto sobre la mesa por tratarse de algo que causa preocupación entre la gente. Casi nunca resulta buena idea poner a la persona que ha hecho la pregunta en el punto de mira de la sala para intentar averiguar de dónde ha sacado la información. Haciéndolo, lo único que se consigue es poner a dicha persona a la defensiva y se acaba yendo por mal camino. Aquí puedes ver un ejemplo:

Pregunta: «Corren rumores de que nuestra compañía se va a fusionar con una compañía mayor. ¿Está nuestra compañía en juego?»

Di la verdad, pero evita cualquier cosa que sean meros rumores.

Respuesta: «Esta afirmación no es cierta. No vamos a fusionarnos con ninguna compañía».

O bien: «Como estoy seguro que todos los aquí presentes entenderéis, por cuestiones legales no podemos tomarnos la libertad de discutir si esta compañía aceptaría o no tal oferta, pero si esto llega a suceder, os doy mi palabra de que se os informará debidamente. Somos honestos y estamos abiertos para con los empleados en las cuestiones que conciernen a nuestra compañía, y si nos encontrásemos ante una tal situación, os lo comunicaríamos en su debido momento».

Qué ocurre con las preguntas que no habías anticipado

A una de mis clientas le entrevistaron para formar parte de una prestigiosa hermandad de la Casa Blanca: ir un año a Washington en calidad de profesional de alto nivel para poder devenir algún día consultora o líder político. El proceso de la entrevista era riguroso: siete días de desayunos, foros, comités y banquetes. Imagínatelo como una entrevista de trabajo de alta presión durante una semana.

Puesto que esta persona ya había realizado antes una entrevista para entrar en una hermandad, sabía a lo que venía. Durante lo que es una situación particularmente inquietante, antiguos miembros de la hermandad tienen la oportunidad de hacer preguntas absurdas a los candidatos. En una ronda de preguntas previa, alguien le había formulado la siguiente: «¿Cuál es tu opinión sobre la Gallina Caponata de Barrio Sésamo?» El objetivo es ver las respuestas inmediatas de los candidatos.

Al principio, responder a una pregunta tan absurda puede parecer imposible, pero existe una técnica para que tu cerebro suelte una respuesta inmediata. La Técnica de respuesta inmediata, como así la he bautizado, te ayudará a hallar una respuesta clara y breve para cualquier pregunta que requiera de una respuesta rápida. La Técnica de respuesta inmediata funciona ya que envía señales a tu cerebro para hallar una respuesta lo más rápido posible. He enseñado esta técnica a docenas de clientes, y los resultados han sido inmejorables.

La Técnica de respuesta inmediata

Predispones a tu cerebro a buscar una respuesta inmediata cuando empiezas la frase con el final de la pregunta o con una fórmula de valoración personal. La primera técnica, repetir el final de la pregunta, impulsa a tu cerebro a rastrear entre la información de que dispone. La segunda, comenzar tu respuesta con una fórmula de valoración personal, empuja a tu cerebro a formar una opinión razonable sobre cierto tema y a transmitirla debidamente. Exploremos cada una de estas técnicas para saber cuál usar en cada situación.

Técnica 1: Repite el final de la pregunta

Pongamos que alguien de la audiencia te pregunta por qué habéis incrementado el precio de uno de vuestros productos. Entonces, empiezas la frase con el final de la pregunta: «Hemos incrementado el precio de uno de nuestros productos porque...», en estos momentos tu cerebro está en plena búsqueda de una respuesta. Lo que acabas diciendo es: «... nuestros costes también han aumentado». Repitiendo la pregunta como declaración al principio de tu respuesta, empujas a tu cerebro a buscar y, en un segundo, encuentras la respuesta. Al mismo tiempo, has producido una frase completa, lo cual hace que tus palabras suenen claras y firmes. Por tanto, empieza con la parte que contiene el punto clave de la pregunta y completa el espacio en blanco. Así, usando esta técnica, nunca vas a parecer perdido, vacilante o inseguro al dar una respuesta.

Para ponerlo a prueba, anota algunas de las preguntas más peliagudas que suelen hacerte, y acto seguido aplica la técnica en voz alta: coge el fragmento principal de la pregunta y úsalo para empezar tu frase. Deberías notar cómo tu cerebro se pone en marcha al instante, lo que te permitirá ofrecer una respuesta clara y razonada.

Técnica 2: Empieza con una fórmula de valoración personal

Pongamos que alguien de la audiencia pregunta tu opinión sobre un tema. Aquí puedes aplicar un tipo de técnica distinta, ya que lo que se te está pidiendo es que valores algo en concreto. Entonces, arrancas con una fórmula de valoración. De este modo, pones en marcha tu cerebro para que encuentre una respuesta. Por ejemplo, si alguien te pide la opinión sobre una película, podrías empezar con la fórmula: «Lo mejor de la película es...», o bien: «Lo peor de la película es...»; de ambas formas, pones en marcha tu cerebro para que encuentre lo que consideras lo mejor o lo peor de la película en cuestión.

Cuando das inicio a la frase estás diciéndole a tu cerebro que se ponga a rastrear, y por lo general acabas completando el espacio en blanco de inmediato. Te sorprenderá lo rápido que darás con una opinión razonable: «Lo mejor de la película es la actuación de Dustin Hoffman», «Lo peor de la película es que los personajes están poco desarrollados». Empieza la frase con una fórmula por el estilo y pondrás a trabajar el cerebro para que la complete de inmediato con las palabras adecuadas.

Te ofrecemos algunos ejemplos de técnicas que te ayudarán a transmitir tu opinión eficazmente. Empieza con una de estas fórmulas y completa el espacio en blanco. Funciona a las mil maravillas.

—Lo mejor de _____ es _____.

—Lo más memorable de _____ es _____.

—Lo más importante de _____ es _____.

—Lo que me impresiona de _____ es _____.

—Lo peor de _____ es _____.

—Lo más inquietante de _____ es _____.

—Lo más perturbador de _____ es _____.

—Lo que me molesta de _____ es _____.

—Lo fundamental que tienes que hacer/saber/pensar es

_____.

—Lo más increíble de _____ es _____.

—Lo más provocativo, o lo que más da que pensar,
de _____ es _____ .

—Lo más interesante de _____ es _____ .

—Al contrario de lo que _____ piense(n) _____ .

Puedes ponerlo a prueba ahora mismo: elige un objeto de la habitación en la que estés. Puede ser cualquier cosa: una silla, un cuadro, un bolígrafo, cualquier cosa que esté al alcance de tu vista. ¿Qué opinas sobre esa silla? Haz una pausa y emplea una de las fórmulas para empezar tu respuesta. Se trata de un ejercicio oral, así que hazlo en voz alta, sin escribirlo. Lo que queremos es entrenar al cerebro para que dé respuestas rápidas.

Las fórmulas funcionan. Si arrancas con buen pie, acabarás igual de bien. Construye frases completas, pues poseen una gran eficacia en las entrevistas para medios de comunicación. Las fórmulas evitan que arranques con un paso en falso o titubeando. Practica esta técnica hasta que te familiarices con ella.

Consejos adicionales para responder a preguntas peliagudas

— **Sé amable**: Las preguntas peliagudas están hechas para poner a prueba tus nervios. Un líder siempre debe mantener la calma, el temperamento y la amabilidad bajo presión.

— **Sé positivo:** Nadie quiere estar con una persona negativa. El trabajo de un líder es ser honesto, así que mira la parte buena de las cosas siempre que puedas.

— **Sé breve:** Taladrar con demasiados detalles puede ser tedioso. Es mejor dar una respuesta breve —y observar si la audiencia quiere saber más sobre el tema— que hablar demasiado rato y hacer que pierdan el interés.

— **Sé exhaustivo:** No cometas el pecado de la omisión. Omitir información o hechos importantes de la respuesta es tan perjudicial como no decir la verdad.

— **Sé concreto:** Pon ejemplos si es necesario. Si tu discurso es demasiado ambiguo, das la sensación de ser evasivo. Puedes ser concreto sin dar demasiados detalles, pero los que des deben ser relevantes.

— **Sé estratégico:** Piensa como puedes darle la vuelta a algo negativo para volverlo positivo, o como puedes aprovechar una pregunta para fomentar un valor importante.

Sumario

Consejo de último minuto: Usa la «Técnica de respuesta inmediata» para responder a preguntas peliagudas al momento. Si te preguntan la opinión sobre algo, arranca diciendo «Lo mejor de X es Y».

Si dispones de más tiempo: Usa la «Solución del 98 por ciento» para prepararte para la siguiente reunión. Anota las preguntas más complicadas que vas a tener que afrontar de la audiencia más crítica y escéptica.

Plan de mejora continua: Identifica los aspectos que podrías mejorar cuando des respuestas e incorpóralos en tu plan de entrenamiento. Por ejemplo, si necesitas dar respuestas más breves, activa tu editor interno y estate atento a tu intuición. Si llegas al punto de dudar si tu respuesta ha sido demasiado larga, es que probablemente haya sido así.

12

Las entrevistas para medios de comunicación

«La genuinidad en la era de los medios de comunicación no es tan solo la mitad de la batalla, sino el verdadero logro, casi un triunfo».

PEGGY NOONAN,
redactora de discursos

Las entrevistas para los medios de comunicación son intimidantes para muchas personas, directores ejecutivos inclusive. Mirar de frente a lo desconocido es inquietante. Si no estamos preparados para ello, incluso los periodistas más amigables pueden aturdirnos con preguntas inesperadas, y aquellos periodistas más implacables que tratan de persuadirnos, indagarnos, intimidarnos, provocarnos o coaccionarnos pueden conseguir que uno se arrepienta de haber ido hoy al trabajo. No se puede ser el líder de una organización sin haber desarrollado antes algún tipo de estrategia ante los medios de comunicación.

Tener destreza para afrontar los medios de comunicación es un requisito para saber hablar con medios convencionales, empresariales o comerciales. Tú eres la voz y la cara de la compañía, y tus palabras poseen el efecto de una ola, a menudo causando una fuerza sísmica, tanto si las noticias son buenas como malas. Los empleados, los clientes, la competencia, los directores, los analistas y el público están siempre atentos a tus palabras. Si tu compañía es pública, entonces los medios empresariales, los mercados de valores y los reguladores gubernamentales estarán también al acecho. Así pues, tu deber es saber de lo que estás hablando.

Ante tantos medios de difusión distintos, por mucho que quieras nunca vas a poder escapar de su radar. En los últimos años, hemos visto cómo proliferaban los canales informativos de veinticuatro horas, las entrevistas radiofónicas y las páginas web de noticias, así como publicaciones de negocios y comercio. Esto significa que hay muchos más periodistas en pos de historias y entrevistas. Como director ejecutivo, aparecerás siempre en su radar, lo quieras o no.

Y aunque muchas compañías siguen la política de no hablar con la prensa, esa política puede levantar sospechas y producir efectos no deseados.

Existen razones legítimas para no dar la espalada a los medios, e incluso para ser la propia compañía la que busque ser el foco de su atención. La prensa positiva puede ser de gran valor. Puedes generar predilección entre tu audiencia principal, ya que las personas confían en la mayor parte de la información que aparece en la prensa. A diferencia de los anuncios, no es algo que se compre; así las cosas, que la propia compañía busque aparecer en la prensa resulta un buen negocio. Se debe aprender algo más que simplemente saber manejar las preguntas de la prensa: es necesaria una estrategia para enviar mensajes positivos.

Crear una estrategia implica entrenar a todas aquellas personas clave de tu organización para que sepan cómo manejárselas ante la prensa. Solo hay dos maneras de aprenderlo: entrenamiento y experiencias reales. Charlie Baker, director ejecutivo del Harvard Pilgrim Health Care, tuvo que hacer frente a la prensa en sus ocho años en el gobierno antes de convertirse en director ejecutivo. «En todo momento tienes la oportunidad de practicar, de aprender de tus errores, lo cual me vino de perlas», explica. Pasar gran tiempo ante el foco público también ayudó a Baker a evitar la prensa negativa sobre su empresa. Según Baker: «Metes la pata en semejante situación y tu cara ya está en los noticiarios de la tarde».

Personalmente, he estado en ambos lados del micrófono: como periodista y como experta a quien entrevistan los periodistas. Te aseguro que prefiero ser yo la que haga las preguntas. No obstante, encontrarte en el lado del entrevistado puede llegar a ser tolerable, e incluso grato, si has desarrollado habilidades para saber enfrentarte a ello. Además de la forma en la que no debes responder a las preguntas, entrenarte para tales situaciones te enseñará a anticiparte a estas, prepararte debidamente y expresar tu mensaje de forma clara y confiada. Si logras hacerlo, podrás manejar cualquier entrevista con los medios.

Larry Lucchino, que fue el director ejecutivo de tres equipos de béisbol de primera división, adquirió los Boston Red Sox en 2002 junto con dos socios. Lucchino, el magnate de televisión Tom Werner y el financiero de Wall Street John Henry se pusieron inmediatamente manos a la obra para cortejar a la prensa. A pesar de que esta conocida franquicia se ganó a los fans más devotos del béisbol, esta devoción nunca transcendió a la televisión. Sin embargo, dos años antes de ganar la World Series de 2004, gracias a sus esfuerzos para estar presentes en la prensa, estos nuevos propietarios lograron disparar la audiencia de la televisión local del equipo. Obtuvieron las cuotas de pantalla de televisión local más elevadas del país, y todo gracias a su pericia conjunta con los medios.

Lucchino disfruta con una jocosa conversación con periodistas deportivos en las televisiones y radios, así como en la prensa escrita. Asegura que el mejor consejo que le han dado nunca acerca de las relaciones con los medios fue el de Hayward Sullivan, antiguo propietario de los Red Sox: «Cuando Hayward acudía a su primera rueda de prensa con nosotros, me dijo: "Sé honesto. Hay muchos periodistas que notan cuando les mientes"». Lucchino sabe lo que hace falta para una buena entrevista: «Se parece mucho al sexo o el baile. Hay que hacerlo en pareja para que te salga bien», asegura.

Presencia ante las cámaras

Cada vez más, estarás presente en los medios audiovisuales, en los que se te *verá* y *escuchará*. Además de la televisión, existen otros canales de gran audiencia en los que deberás proyectar tu imagen como líder. Puede que te toque dar un discurso desde un escenario retransmitido en una gran pantalla ante una gran sala, quizá tengas que grabarte en vídeo para transmitir un mensaje a tus empleados, o participar en reuniones mediante videoconferencia con personas de otros continentes o con husos horarios muy distintos. Estar ante una cámara no es simplemente aparecer en la cadena CNBC. Encontrarás cámaras ahí adonde vayas.

Tanto si estás hablando en la televisión, en la radio, para la prensa escrita o para revistas, sabrás llevarlo mejor si entiendes lo que se espera de ti. ¿Qué es lo que buscan cuando te llaman para una entrevista? Todos los periodistas buscan noticias, quieren saber lo que hay de nuevo. Si sabes ver qué es lo que se considera valioso como noticia, estarás mejor preparado para dar una entrevista.

¿Qué es noticia?

A continuación, te ofrecemos algunas características que los periodistas buscan en una noticia:

— **Actualidad:** Si está sucediendo ahora, es noticia.
— **Tendencias:** Mucha gente lo está haciendo, viendo o viviendo.
— **Controversia:** Las polémicas aumentan el consumo de los periódicos y atraen el interés de la gente.
— **Experiencia:** Conocimiento especial de algún tema, breve e interesante.
— **Opiniones sólidas:** Afirmaciones claras sobre cualquier situación o suceso.
— **Distintas perspectivas:** Un enfoque diferente a un suceso o problema de actualidad.
— **Interés general:** Especialmente para un público objetivo, ya sean telespectadores, oyentes o lectores.

Estrategias para entrevistas

Una de las estrategias centrales para manejar una entrevista es anticiparse a las preguntas. Imaginarse qué preguntas te va a hacer un periodista no es tan difícil como parece. La estrategia que hay que utilizar es la Solución del 98 % que hemos explicado en el Capítulo 11. Mediante esta estrategia, anotas las peores preguntas que esperas de los críticos más inflexibles. Ponte en la piel de un escéptico e imagina las preguntas que vas a tener que afrontar. Para una entrevista promedio, anota entre diez y veinte preguntas que crees que te van a preguntar.

¿Te has dado cuenta alguna vez de que los expertos y comentaristas más famosos y experimentados parece que sepan siempre lo que les va a preguntar el entrevistador? Es como si tuvieran la respuesta preparada, sea cual sea la pregunta, y siempre responden con conocimiento y sensatez. La mayoría de estos analistas emplean de manera intuitiva la Solución del 98 %, y muchos dedican muchas horas a la preparación para dar una respuesta brillante e «improvisada». Cierto es que algunas veces los productores les han preparado, y sin embargo, a partir de su experiencia, pueden deducir lo que el entrevistador les va a preguntar. Se informan con antelación e incluso escriben respuestas ingeniosas y las practican con colegas antes de participar en el programa. Por supuesto, hay muchos analistas y comentaristas que son absolutamente brillantes sobre la marcha, pero la mayoría de las veces anticipan gran parte de las preguntas. Y hay cosas que puedes aprender de ellos.

Es imprescindible que escribas las preguntas que esperas que te hagan, porque haciéndolo pones en marcha tu cerebro y esto ayuda a formular respuestas claras y consistentes. Tú o cualquier miembro del equipo deberíais poneros en la piel de un periodista y anotar aquellas preguntas más indagatorias que van dirigidas al quid de la cuestión. Jamás de los jamases conseguirás estar excesivamente preparado para una entrevista. Si hay alguna pregunta que al final no te han preguntado, al menos estabas preparado para responderla. Considero que escribir las preguntas es incluso más importante que pensar los puntos clave de una entrevista.

La otra estrategia que puedes emplear para manejar mejor las entrevistas también te la hemos ofrecido en el Capítulo 11: la Técnica de respuesta inmediata. Esta técnica te permite hallar fórmulas de iniciar una respuesta con uno de los elementos de la pregunta. También puedes estimular el cerebro a la hora de dar una opinión con una fórmula del tipo «Lo mejor de» o «Lo peor de». Estas fórmulas empujan siempre al cerebro a buscar entre la información que tiene almacenada, a la par que te permiten producir frases completas sin salirte del tema de la pregunta. Si vuelves a la lectura del capítulo anterior podrás practicarlo de nuevo.

Atiende a las peticiones

Desde el momento en que recibes la llamada de un periodista, productor o editor, tienes que darles algún tipo de respuesta. Los periodistas agradecen que respondas a las llamadas y te muestres solícito, y lo van a recordar más adelante. Incluso si no quieres hablar de algún tema, siempre es una buena idea que algún colega tuyo experto en medios de comunicación responda por ti y que se muestre tan disponible como sea posible. Siempre puedes sugerir otra fuente de información para una noticia o aportar alguna declaración, documentos o artículos sobre el tema. También puedes recomendar al periodista otros expertos que puedan hablar en términos generales sobre aquello que quieran saber. Eso sí, debes explicarle al periodista por qué no puedes hablar de cierto tema ante la prensa, y dar razones legítimas: una decisión pendiente, pleitos, asuntos privados u otros impedimentos.

No tienes por qué responder, pero alguien de tu organización sí debería. Asegúrate de que la persona designada devuelva la llamada cortésmente y dentro de un plazo de tiempo razonable, y decline la oferta *siempre* de manera cordial. La razón para adoptar este enfoque es que la actitud pública de tu compañía para con el periodista será tangible, y no quieres dar la impresión de que escondes algo. Si no atiendes a una petición puedes dar una mala impresión sin quererlo. Tienes que mantener una relación positiva con tantos periodistas como sea posible porque, la próxima vez, podría interesarte hacer la entrevista.

A veces recibes ofertas de entrevistas que pueden ser beneficiosas para ti y para tu organización. Avisa a la persona encargada de atender a las llamadas que pregunte acerca de los plazos de tiempo. Incluso si la fecha de la entrevista es inminente, intenta posponerla, aunque sea poco tiempo, ya que así tendrás la oportunidad de prepararte y dar una entrevista sensacional. Anticípate a las preguntas y anota los puntos clave. Dedícale un mínimo de quince minutos, y si puedes, una o dos horas. Aprovecha bien el tiempo. Incluso si crees que ya estás listo, nunca está de más apuntarte una o dos buenas citas. Una observación concisa e interesante hará que la gente cite tus palabras y le dará valor a la entrevista.

Puedes pedirles a los periodistas que te den una idea general del tipo de preguntas que te formularán, y muchos de ellos lo harán. No te revelarán todas las preguntas, pues un tema o una pregunta conducen a nuevas preguntas. Si hacen bien su trabajo, seguirán el hilo de la conversación, o al menos es lo que cabría esperar de un periodista competente.

Cuando hayas determinado el tiempo para la entrevista, anota todas las preguntas que crees que te harán, incluso aquellas que no quieres que te hagan. Luego tú, o tu encargado de comunicaciones, puedes hacer una lista con los puntos clave: tres ideas, conceptos o hechos que te gustaría compartir en esta entrevista.

Prepárate los puntos principales

Los puntos principales tienen que ser unas notas simplificadas a partir de las cuales podrás ir trabajando durante la entrevista. Por lo general, tu cometido es transmitir dos o tres mensajes primordiales, que tienen que ser claros, concisos e interesantes, algo que la gente desconozca o que no haya pensado antes. Los periodistas buscan lo nuevo, lo de actualidad, y repescarán tus palabras para citarlas si consigues darles lo que quieren.

Una forma de aportar puntos de vista interesantes es analizar un tema desde distintos ángulos. Toma en cuenta la manera cómo lo ve la gente a diferencia de otros. Un punto de vista nuevo puede ser de interés, algo que la mayoría de la gente desconoce. Puede ser el tipo de cosas con las que te topas a diario mientras lees o charlas con los demás de tu sector.

A los medios de difusión también les gusta oír distintas opiniones. Cuando tengas una, compártela, ya que esto permite establecerte como líder de opinión dentro de tu sector. Asegúrate de que tus opiniones te posicionen a ti y a tu organización en una buena situación, nunca des una opinión que ponga en riesgo tu negocio o tu reputación.

A la hora de explicar conceptos difíciles, hazlo de forma clara. Emplea analogías y un lenguaje descriptivo, aporta ejemplos, da lo mejor de ti mismo para que tu entrevistador entienda tu punto de vista. Tu objetivo es que el periodista lo capte lo suficientemente bien para redactar después la historia para el lector o espectador promedio.

Si los puntos principales los ha preparado otra persona, asegúrate de revisarlos antes de tu entrevista. Si procede, reformula las observaciones para adaptarlas a tu forma de hablar. Quieres sonar cercano, y la mejor manera de conseguirlo es mediante la adaptación y la familiarización con los puntos principales.

Practica en voz alta

Debes practicar el mensaje que vas a dar, ya que conseguirás mejores resultados si te lo has preparado. Puede resultar difícil abordar las preguntas e incorporar los puntos clave si no practicas antes. Una de las mayores frustraciones para una empresa de relaciones públicas o para un vicepresidente en Comunicaciones, ya sea dentro o fuera de la compañía, es transmitir los puntos clave a un director ejecutivo que nunca los tiene en cuenta al marcar el número de un periodista.

Las consecuencias de no revisar los puntos clave y de no practicarlos en voz alta es que rara vez la entrevista transcurre como sería deseable. Puede que se malinterpreten tus palabras o que se omita algo de la historia si antes no has trabajado a la perfección los puntos clave que vas a tratar para hacer que la entrevista sea animada e interesante. ¿Se puede evitar siempre ser malinterpretado? Te lo diré claramente: es casi imposible. Los periodistas son humanos, y como tales yerran. No obstante, tendrás una segunda oportunidad de aclarar tus palabras si practicas antes en voz alta. Si se te malinterpreta, puedes pedir que se corrija la frase, aunque algunos lectores ya lo habrán leído.

Fórmulas de insistencia

Las fórmulas de insistencia son aquellas que empleas cuando vas a decir algo importante: «Lo que es importante recordar es...» y «Lo que esto nos enseña es que...» son dos ejemplos de ello. Los periodistas están atentos a estas fórmulas y las transcriben tal cual. Si quieres que los periodistas reparen en una idea, empieza la frase con una fórmula de insistencia. Los periodistas pondrán toda la atención a la frase y la usarán como texto o audio.

También puedes emplear estas fórmulas para corregir malentendidos o errores fácticos de la pregunta o comentario de un periodista. Por ejemplo, si te hacen una pregunta que contiene información errónea, puedes decir: «Es interesante ver como se ha llegado a esta percepción, pero déjenme aclarar las cosas. Es importante que sepan que...», o «Lo que realmente sucede es que...». Empezando con estas fórmulas, estarás llamando la atención sobre este punto y conseguirás que los periodistas puedan entender tus ideas con mayor facilidad.

Fórmulas puente

Construir un puente te conduce desde el inicio de una respuesta hasta el punto clave de la misma. Las fórmulas puente son similares a las de insistencia, pero se distinguen en que las primeras las usas en medio de una respuesta para sacar a colación un tema diferente al que te ha preguntado el entrevistador. Quisiera recalcar que las fórmulas puente no están para evitar la respuesta a una pregunta, sino que son una estrategia para encarrilar la entrevista hacia el mensaje que quieres transmitir.

Tras responder a una pregunta, se emplean conectores lingüísticos para trazar puentes con las ideas principales. Por ejemplo, puedes servirte de expresiones tales como «Lo que es importante que recordemos», o «La decisión fundamental» o «Lo que nos complace poder decir es que», seguido de las ideas principales de tu mensaje. Recuerda, no ignores la pregunta formulada; en su lugar, traza puentes para hacer avanzar el diálogo. De hecho, los periodistas agradecen que no solamente hayas contestado a su pregunta, sino también que hayas llevado la conversación un paso más allá. Esta acción añade valor a la entrevista y reduce la cantidad de trabajo. En las entrevistas en directo, las fórmulas puente son un modo eficaz de transmitir el mensaje que realmente querías.

Usa tu voz propia

Tu voz es un factor muy importante en una entrevista ante los medios de comunicación. Si usas tu voz de una forma eficaz, conseguirás conducir a los periodistas hasta lo que de verdad importa. Tu tono, inflexión, énfasis, ritmo y cadencia les indicarán cuál es la información importante. Si no sabes cómo suena tu voz, grábate mientras practicas para una entrevista. De hecho, cuando los periodistas escuchan de nuevo la grabación de la entrevista, en lo que se centran es en tus señales vocales y verbales.

Sé breve

> *«Mi problema es que me gusta hablar demasiado».*
>
> WILLIAM HOWARD TAFT,
> vigésimo séptimo presidente de los EE. UU.

Suerte que el presidente Taft no vivió en la era de la televisión, ya que igual no hubiera sido elegido. Actualmente, los líderes se ven obligados a hablar como un alto mandatario en una fracción de segundo.

Hace poco, cronometré un noticiario estatal de treinta minutos de la NBC para comprobar si la famosa norma de los quince segundos se ajustaba a la realidad. En mis años como periodista, me dio la sensación de que las entrevistas se habían vuelto más cortas. Yo misma quedé estupefacta al calcular el promedio de las intervenciones y comprobar que era solo de siete segundos, incluso algunas tan solo de dos o tres segundos.

La brevedad es importante tanto en la televisión como en la radio, e incluso en la prensa escrita. Cuenta el número de palabras de una frase en la portada de un periódico o en la de una revista semanal o mensual: lo más habitual es que esta contenga entre cinco y doce palabras.

No digas nunca «Sin comentarios»

Lo peor que le puedes responder a un periodista es «Sin comentarios», pues das la sensación de estar a la defensiva o de ser culpable. Si te hacen una pregunta a la que no quieres responder, explica el porqué, ya sea por una cuestión de asuntos privados, legales u otras razones que lo justifiquen. Los periodistas aceptarán una razón de peso.

Ari Fleischer, secretario de prensa de George Bush, dio trescientas sesiones informativas de la Casa Blanca durante dos años y medio, incluidas las del ataque terrorista del 11 de septiembre y las de las guerras de Afganistán e Irak. Durante una entrevista de despedida con Juan Williams, de la NPR, Fleischer compartió reveladores conocimientos acerca de cómo decir lo suficiente sin decir demasiado y sin recurrir a «Sin comentarios». A continuación, puedes leer un fragmento de la entrevista:

> **Williams:** He oído que describes las sesiones informativas de la Casa Blanca como «ajedrez intelectual».
> **Fleischer:** Sí.
> **Williams:** El presidente dijo, en una entrevista en la que le pregunté sobre ti, que: «Ari Fleischer conoce la diferencia entre *saber* y *decir*».
> **Fleischer:** Por supuesto, todo va tan rápido que estoy con él en casi todo lo que hace, incluyendo algunas cumbres o casi todas las reuniones

de las cumbres, así como reuniones de política económica. Así pues, puedo saber la opinión del presidente ante muchos asuntos y el porqué de su posicionamiento.

William: Incluso llegó a decir que estabas al teléfono cuando hablaba con líderes extranjeros. Me sorprendió muchísimo oír esto.

Fleischer: Así es. Ocurría de vez en cuando, en particular durante las llamadas más jugosas, pues sabía que la prensa querría conocer los asuntos que se trataron. A partir de aquí, todo cuanto yo pueda decir *será* verdadero, como así ha sido hasta ahora. Aun así, pese a que algo sea verdadero no significa que deba contarse.

Como director ejecutivo, para ti también es de suma importancia ser sensato a la hora de responder y no decir nunca «Sin comentarios». No digas nunca nada que no te gustaría que saliese publicado, pero no caigas en el error de decir «Sin comentarios», porque esto no hará más que perjudicarte.

Te están grabando en todo momento

Ann Murphy, una veterana periodista de informativos que ahora se dedica a asesorar a directores ejecutivos en relaciones públicas, explica que uno de los mayores errores que cometen los directores ejecutivos es decirles cosas a los periodistas de lo que luego no pueden retractarse. «Tienen que entender que lo que han dicho está grabado. Tus declaraciones pueden tomar un curso no deseado y acabas hablando de algo de lo que no querías hablar», dice Ann.

Ann ha observado que algunos directores ejecutivos creen saber cómo hablar ante la prensa, pero cuando se levantan al día siguiente y leen sus declaraciones en el periódico se ponen las manos en la cabeza. «Si decides decir algo y luego sale publicado, tu encargado en relaciones públicas no puede hacer que desaparezca. Lo único que podrá hacer es corregir errores fácticos», señala.

Actúa siempre como si el micrófono estuviese encendido

En marzo de 2004, el senador John Kerry, al finalizar su discurso sobre la rebaja de impuestos en Chicago, empezó a hablar de manera improvisada. No se dio cuenta de que sus declaraciones «fuera de cámara» mientras se dedicaba a estrechar manos de hecho sí estaban siendo grabadas. «Estos tipos [la Administración republicana] son de lo más sucio y ruin que haya visto jamás», había dicho Kerry, y esto ocupó todos los noticiarios de la noche. A George Bush también le pillaron con el micrófono encendido en septiembre del 2000 antes de dar un discurso electoral en Illinois, cuando hizo un comentario a Dick Cheney —supuestamente en privado— sobre un reportero en particular que ahí se encontraba: «Está también Adam Clymer, un imbécil de los grandes del *New York Times*», fueron sus palabras. Su comentario fue grabado y salió en todos los canales de noticias.

Todo aquello que no quieres que salga en los periódicos ni en la televisión, ni se te ocurra decirlo a menos de un quilómetro del micrófono, aunque te hayan dicho que está apagado. Los errores de novato con los micrófonos han sido desastrosos para muchas personas inteligentes que deberían haber estado más atentas.

Ten paciencia

Los periodistas no son expertos en tu terreno, sino que son generalistas por naturaleza. A los editores de prensa tampoco les interesa que sus periodistas sean expertos en tu campo, y los mandan continuamente de aquí para allá en pos de noticias frescas. Si estos entendiesen demasiado, no sabrían cómo contar la noticia a sus lectores, espectadores u oyentes. El conocimiento puede ser letal para los periodistas. Así que no te impacientes si tienes que explicarles algo, dales los fundamentos que necesitan para escribir un buen artículo y asegúrate de que se marchan sin ninguna pregunta sin responder. Si lo deseas, puedes invitar a aquellos periodistas más noveles en tu campo a una sesión explicativa de los fundamentos para ayudarles a familiarizarse con el tema. Conozco a algunos directores ejecutivos que lo han hecho y han conseguido ayudar a los periodistas con este procedimiento.

Evita las reacciones desproporcionadas

Puede que te llegues a sentir furioso, frustrado, impaciente o a la defensiva durante una entrevista, pero debes mantener el control. Sobre todo, evita la hostilidad; para un líder no conlleva nada positivo morder el anzuelo.

Ensaya las respuestas a preguntas difíciles con un experto en medios de comunicación o con una relaciones públicas. Grábate en vídeo o pide consejo a un profesional acerca de tu elección de palabras y tu tono de voz, porque todo, desde tu voz hasta tu expresión facial y tu lenguaje corporal, puede delatar tu estado de ánimo.

Cómo afrontar una crisis mediática

Una crisis puede ser un suceso, una publicación, una alegación o una serie de circunstancias que amenazan tu integridad, tu reputación o tu supervivencia personal o institucional. Para tu conocimiento: no hace falta que la información difundida sea verdadera para causarte daño, simplemente tiene que ser pública o potencialmente pública.

Las reglas para afrontar una crisis mediática son responder a las preguntas, ser honesto y mostrar preocupación. Tienes que responder incluso ante las afirmaciones cuya información es incompleta, como sucede en la mayoría de los casos. La honestidad es imprescindible, ya que podrías provocar una segunda crisis si mintieras. Tienes que mostrarte preocupado, porque la gente te va a perdonar y a olvidar lo ocurrido si ven que te implicas en ello.

Por lo general, en una crisis mediática deberías dar una entrevista lo más pronto posible para tener el control del mensaje. De lo contrario, dejas un vacío que la prensa se encarga de rellenar con elucubraciones. «Aprendí desde buen principio que, aunque las noticias no sean alentadoras, tienes que ser el primero en contarlas», afirma John Hamill, expresidente del Sovereing Bank de Nueva Inglaterra. «Si en lugar de sobreactuar sencillamente actúas te irá todo mejor; por lo menos no serás el objetivo de la investigación de los hechos», señala. «Solo dispones de una oportunidad, y, una vez la tele o la radio se han puesto en marcha o el periodista abandona la sala, tu suerte está echada. Así que lo mejor es ser el primero en dar la noticia lo más rápido posible y de la mejor manera o de lo contrario vas a sufrir las consecuencias».

Reglas para afrontar una crisis mediática

— **Anticípate a los hechos:** Ve un paso por delante y ten preparadas las respuestas a las preguntas de los periodistas.

— **Da el primer paso:** Cuando tengas algo que decir, dilo antes de que los medios encuentren a otra persona para hablar de los hechos y de sus repercusiones.

— **Reacciona, pero no desproporcionadamente:** Cuando reaccionas con desproporción adquieres una posición defensiva. Explica a la gente con antelación qué es lo que vas a hacer, lo que va a pasar y lo que pueden esperar.

— **Sé visible:** No te escondas. Incluso si no tienes nada que decir, muéstrate disponible. Si desapareces del mapa, los medios suponen que será por alguna razón.

— **Di la verdad:** Esta es la regla de las reglas. Di siempre la verdad. Las verdades son más fáciles de gestionar que las mentiras, ya que estas últimas te obligan a recordar, y de todos modos la verdad siempre acaba saliendo a la luz.

— **Da toda la información necesaria a tu representante:** No dejes a tu representante a medias tintas. Elige a alguien en quien confíes y que conozca la diferencia entre «saber» y «decir».

— **Habla directamente con tus socios:** Asegúrate de que todos los que forman parte de tu negocio conozcan toda la información directamente de ti o de la organización y evita que la obtengan a través de los medios de comunicación.

— **Muestra empatía y preocupación:** Esta es la segunda regla más importante, junto con la honestidad. Si muestras una sincera preocupación hacia los demás, incluso habiendo tenido disputas con ellos, probablemente te perdonarán.

— **Responsabilízate:** Responsabilizarte del problema, especialmente siendo director ejecutivo, es uno de los secretos para solventar una crisis. Será más fácil que se te perdone por haber cometido un error si te disculpas y reparas los daños.

— **No pospongas el asunto:** Puedes poner el debate bajo control y usar a los medios para transmitir tu mensaje. Posponer el asunto puede generar segundas crisis.

Sumario

Consejo de último minuto: Aguarda quince minutos antes de llamar a un periodista para tener tiempo de perfilar tus puntos principales. Esto te ayudará a tener el control de la entrevista y te asegurarás de que dices aquello que quieres decir.

Si dispones de más tiempo: Trabaja tu presencia ante la cámara mientras te grabas practicando entrevistas. Debes desarrollar una buena presencia no solo de cara a la televisión, sino también para las grabaciones en directo, los discursos ante las cámaras y las videoconferencias.

Plan de mejora continua: Elabora un plan de acción ante una crisis para tu organización que incluya preparación para saber afrontar los medios de comunicación, tanto para ti como para los principales representantes de la organización. Todos deberían conocer los principios para actuar ante una crisis mediática y estar preparados para afrontar entrevistas. Espero que nunca tengas que vivir una de estas crisis, pero, por si esto ocurre, ya estarás preparado.

13

Dirigir reuniones

«El liderazgo es el arte de conseguir que otra persona haga algo que quieres que haga porque ella quiere hacerlo».

Dwight D. Eisenhower,
trigésimo cuarto presidente de los EE. UU.

Cuando hayas alcanzado el puesto de director ejecutivo, tendrás la experiencia de haber hecho muchas reuniones. Pero, en tanto que director ejecutivo, tú marcas los criterios a seguir. El estilo que les das a tus reuniones como líder establece el carácter de estas y esto influye sobre su forma de desenvolverse. La gente toma tu estilo como modelo y adopta tus prácticas, ya sean buenas o malas.

Tienes influencia sobre una reunión incluso cuando no eres tú quien la lidera. Tu presencia hace cambiar las dinámicas simplemente porque estás presente. Como me dijo una vez un director ejecutivo: «La única persona que participa de todas y cada una de las reuniones, y quien las lidera, es el propio director ejecutivo».

Los negocios implican celebrar reuniones pero, a menudo, son estas las que dirigen los negocios. En muchas organizaciones, la gestión de las reuniones es algo frenético. Se van sucediendo, empiezan tarde, acaban yéndose por las ramas, estallan conflictos personales, se consigue poco y nadie se hace responsable. Tus hábitos, políticas y formación gerencial de la reunión determinan la eficacia de estas dentro de la organización.

Cabe remarcar la cantidad de reuniones a las que asiste la gente, y algunos dicen que tienen tantas que entorpecen su ritmo de trabajo. No debería sorprendernos que las encuestas revelen que la gente las odia. Un cliente me dijo que los empleados de su oficina «hacen levitar las piernas y se clavan las uñas contra las palmas de las manos para mantenerse despiertos».

«Tengo una concepción muy sólida acerca de cómo deberían celebrarse las reuniones», dijo Arnold Zetcher, director ejecutivo de Talbots. «Tienes que hacer que la gente se implique en el tema que se está tratando y mantenerlo vivo, porque es fácil desviarse de este». Por ende, si en las reuniones el único tema son los negocios, también puede resultar contraproducente, todo es cuestión de equilibrio. «La gente quiere disfrutar del tiempo que pasa ahí, por esta razón trato de añadir algo de humor para que no se aburran», añade Arnold.

Como resultado de mis entrevistas con directores ejecutivos, mi compañía elaboró una lista de prácticas para aplicar en las reuniones según lo que los líderes aseguran que funciona. Dado que existen distintos estilos para llevar una reunión, ciertas prácticas y políticas acaban siendo mejores.

Como cada tipo de reunión es distinta, también precisa de un enfoque distinto. Seguro que no diriges reuniones para tu equipo principal de la misma forma que lo haces con cincuenta empleados en el comedor. Sé flexible y adáptate al propósito de la reunión y de los participantes y sigue estas prácticas:

Competencias que debe tener un líder para sus reuniones

— Establecer apropiadamente el orden del día.
— Identificar los problemas antes de la reunión.
— Obtener el visto bueno de los socios de antemano.
— Animar al debate y a la participación.
— Ceñirse al horario marcado, de inicio a fin.
— Gestionar los conflictos.
— Escuchar atentamente.
— Recapitular los puntos principales.
— Llegar a un consenso.
— Motivar a los demás.
— Crear responsabilidad.

Decisiones antes de la reunión

El éxito de una reunión viene marcado antes de su celebración. Primero hay que decidir si se va a convocar, a quién se invitará a participar, cuál será el orden del día y cómo se van a conseguir apoyos o saber de antemano qué objeciones habrá.

Lo primero que hay que decidir es si se va a convocar una reunión, ya que algunas no son necesarias. Responde a las siguientes preguntas para saber si deberías convocar una reunión o no:

— ¿Qué asuntos se podrían solucionar sin necesidad de convocar una reunión?
— ¿Qué podría suceder si al final no convocamos la reunión?
— ¿Qué pasaría si aplazásemos la reunión?

El siguiente paso es decidir a quién se va a invitar. Como director ejecutivo, debes ser muy riguroso en este aspecto. Solo debes invitar a aquellas personas que puedan contribuir al debate; nadie está ahí como observador, oyente o para estar en un bucle constante. Un director ejecutivo debe saber que para optimizar la costumbre de celebrar reuniones se debe invitar solo a aquellas personas que tengan una razón de peso para asistir. El personal de tu organización agradecerá este detalle, pues estarás respetando el tiempo que te dedican.

A continuación, tienes algunas preguntas que puedes hacerte para determinar qué personas van a ser invitadas:

— ¿Quién posee información suficiente para lo que tenemos que debatir?
— ¿Quién debería tomar las decisiones?
— ¿Quién debería ejecutar el plan?
— ¿Qué otras personas son imprescindibles para asegurar el éxito de este proyecto o reunión?

Establecer el orden del día

El orden del día es la herramienta primaria de una reunión. Este marca las expectativas, mantiene el debate en la buena dirección y establece responsabilidades. En un mundo ideal, todas las reuniones deberían contar con su orden del día, por muy simple que esta sea. Constantemente escucho comentar a la gente que acude a reuniones donde no hay un orden del día y que dicha reunión acaba yéndose por las ramas, porque los participantes empiezan a hablar sobre lo primero que les pasa por la cabeza y ya está.

Las personas que han participado en este tipo de reuniones acaban desmoralizándose, y si pueden escaquearse de la siguiente, mejor que mejor, pero lo peor de todo es darse cuenta más tarde de que el tema tratado merecía su interés. Sin orden del día, los participantes no pueden prepararse como es debido, y acaban perdiendo el tiempo entre la gente que lee y la que no sigue el hilo. Sin orden del día, es fácil que alguien sabotee la reunión y, mientras la reunión sigue un transcurso errático, se empiezan a formar corrillos. La reunión acaba sin haberse decidido nada, o las decisiones se toman cuando la gente ya se ha ido. Y esto solo contribuye a minar la moral y generar frustración.

Paul Levy, director ejecutivo del Centro Médico Beth Israel Deaconess (hospital universitario de Harvard), dice: «Hay que tener un orden del día. Se tiene que establecer claramente si lo que se pretende es dar información o tomar alguna decisión».

Para que tu orden del día sea eficaz y para evitar los problemas descritos anteriormente, a continuación te ofrecemos una forma sensata de proceder:

— Da un nombre a la reunión.
— Describe sucintamente su propósito.
— Nombra a los participantes.
— Expón brevemente las características de cada asunto.
— Establece las decisiones urgentes.
— Marca un límite de tiempo por cada asunto a tratar y cíñete a él.
— Incluye aquellas posibles situaciones que podrían llegar a desviar el tema principal de la reunión en caso de salir a debate.
— Distribuye material de lectura en vista del orden del día.
— Asegúrate de que los participantes hayan recibido toda la información al menos veinticuatro horas antes de la reunión.
— Concede tiempo para la participación y el debate.

Comunicación antes de la reunión

Las reuniones productivas empiezan con comunicación previa. Puede que quieras hacer preguntas a los participantes, debatir sobre un asunto, recibir *feedback* o confirmación por adelantado. La posibilidad de mantener debates con personas influyentes en la reunión te permite identificar los problemas y tomarle el pulso al grupo. Podrás ver dónde hay consenso y qué aspecto requiere más trabajo antes incluso de que empiece la reunión.

Unos días o incluso unas semanas antes de una reunión, quizás quieras pasarte por el vestíbulo de la empresa para establecer contacto con accionistas o con personas influyentes, o simplemente llamarles o mandarles un correo electrónico. Márcate los objetivos siguientes:

— Infórmales acerca de la celebración de la reunión.
— Averigua cuáles son sus temas de interés.
— Plantea preguntas.
— Recaba información.
— Considera cuestiones nuevas.
— Pon las opciones a debate.
— Llega a un acuerdo sobre el enfoque o procedimiento.

Prueba con este ejercicio: plantéate estas preguntas antes de la reunión:

— ¿Quién podría ayudarte y por qué?
— ¿Quién podría arruinar la reunión y por qué?
— ¿Qué es lo que le vas a preguntar a cada uno de los participantes?
— ¿En qué vas a aplicar la información que obtengas?

Anima a la participación

Los grandes directores ejecutivos valoran mucho el debate, por lo que tu material más valioso es el conocimiento e intelecto colectivo de tus empleados. Un director ejecutivo me contó una vez que toma nota de aquellas personas que permanecen calladas para preguntarles su opinión al respecto y animarlas así a que expongan sus objeciones. «A veces propongo votaciones y les prohíbo que se abstengan. Pienso que hay que plantarle cara al silencio, pues lo que no quieres es que aquellos que discrepen se vayan sin decir nada y luego te critiquen a tus espaldas».

Un buen líder anima a la participación, porque esta es fundamental para sacarle todo el potencial creativo de tu organización. Si animas a la participación, todo el mundo acabará beneficiándose. No puedes permitir que sean solo unos pocos quienes dominen la conversación, sino que debes crear un espacio seguro y agradable para todos, incluso para los más retraídos, y hacer que se involucren.

A continuación, te damos algunos ejemplos de frases que puedes usar en calidad de director ejecutivo para animar a la participación:

— «Maureen, he visto que sacudías la cabeza. ¿Hay algo que te gustaría aclarar?»
— «Me gustaría saber qué opina Bill al respecto».
— «Jack, ¿te gustaría compartir con los demás lo que hemos hablado tú y yo antes de la reunión?»
— «¿Hay algún tema que nos haya quedado pendiente?»
— «¿Hay algo más de lo que quisierais hablar?»
— «¿Hay algo más que debiéramos saber?»
— «¿Queda alguien por opinar sobre el tema?»

Incita el debate

El lenguaje y el tono de voz son herramientas que puedes usar para incitar al debate. No des tu opinión de buenas a primeras, deja que hablen los otros primero, diles que quieres oír sus opiniones. Busca el contacto visual y suelta tu pregunta. A modo de ejemplo:

— «¿Qué sensación te inspira...?»
— «¿Qué piensas tú de...?»
— «¿Qué te parece...?»
— «¿Qué te ha llevado a pensar...?»
— «¿Qué otras ideas dirías que...?»
— «¿Cómo podríamos...?»

Hablar como un CEO

Un director ejecutivo me dijo una vez que siempre hacía la misma pregunta: «¿Qué es lo que debo saber que no sepa?» Esta pegunta causó un enorme impacto en la organización, ya que con ella no solo conseguía escuchar aquello que de otro modo nadie le diría nunca, sino que también conseguía que la gente supiera que podían decir lo que considerasen preciso sin ningún tipo de represalia.

Controla el tiempo

Un jefe se me quejaba de que las reuniones empezaban tarde, acababan tarde y se perdía mucho tiempo de por medio. Si te lo propones, le puedes dar la vuelta a esta costumbre de tu organización asegurándote de que se empieza y se acaba a la hora prevista. Los convocados asistirán a las reuniones con más buena cara y serán más participativos si saben que se va a respetar el tiempo y si se consigue el propósito que se había marcado para la reunión.

A menudo, cuando se unen nuevos empleados a la organización, se sienten desbordados por cómo se desarrollan las reuniones. Los que están habituados a la puntualidad y a la eficiencia de las reuniones se dan cuenta rápidamente de que no sirve de nada llegar a la hora a las reuniones de la nueva compañía, porque lo único que conseguirán es esperar sentados mientras van entrando el resto de los participantes. Los buenos empleados se vuelven menos eficientes debido a este tipo de costumbres, ya que van en su contra. La única forma de satisfacer a todos es insistir en las buenas prácticas, y estas comienzan por empezar a la hora acordada.

Gestionar las discusiones

Todo líder sabe que las discusiones saludables y constructivas son beneficiosas para la organización y, de hecho, debe promover el debate, poner los problemas sobre la mesa y escuchar distintos puntos de vista antes de tomar una decisión. En las reuniones, un líder tiene que promover la discusión constructiva al mismo tiempo que evita la negativa, los ataques personales o todo aquello que intoxique la atmósfera laboral y ponga trabas al desarrollo.

Cuando en una reunión el líder hace preguntas transcendentes y crea una buena atmósfera para el desacuerdo, los participantes pueden debatir los asuntos en profundidad. Por el contrario, si el líder permite que afloren los conflictos personales o deja los problemas sin resolver, los participantes se lo tomarán mal a nivel personal. Esto dañaría la organización entera, no solo a las personas involucradas en los rifirrafes. Los líderes deben promover las discusiones constructivas y evitar los ataques personales.

Consejos para promover las discusiones constructivas

— Crea un espacio seguro y abierto.
— Anima a todos los presentes a participar.
— Usa recursos como los pros y contras, hojas de evaluación y tablas para tomar las decisiones.
— Establece las normas y haz que se respeten.

Consejos para gestionar discusiones negativas

— Escucha todas las partes implicadas.
— Identifica los objetivos comunes.
— Construye a partir de acuerdos.
— Evita echar las culpas.
— Apacigua la situación con palabras.
— Busca un resultado en el que ambas partes salgan ganando.
— Muestra respeto.
— Usa un tono conciliador.
— Si el conflicto persiste, pon fin a la discusión.
— No toleres bajo ningún concepto los ataques personales.

Recapitula de manera eficiente

La capacidad de recapitulación de las ideas principales marca la diferencia entre un buen líder y el resto. Dicha capacidad es, en esencia, saber escuchar y reformular de manera sucinta pero precisa aquello que se ha dicho. Para recapitular eficientemente, primero hay que adquirir el hábito de escucharlo todo, incluso lo que se dice entre líneas. Asimismo, tienes que poseer habilidad lingüística y conceptual para poder enumerar así todos los puntos principales del debate.

A continuación, te ofrecemos buenos métodos para aplicar a tu capacidad de recapitulación:

— Toma nota constantemente o escucha tomando nota mental.
— Retén en la mente aquellos conceptos y expresiones clave.
— Repite estos conceptos y expresiones clave.
— Aporta ideas personales al contexto general del debate.
— Crea analogías o términos para las ideas centrales.

Llega a un consenso

Tu objetivo para la mayoría de las reuniones será recabar información suficiente para poder tomar una decisión por ti mismo, para llegar a un consenso sobre un asunto o para posicionarte en una votación. Con consenso se otorgan responsabilidades y se propicia que la gente participe en las decisiones. El consenso no significa la ausencia de conflicto, sino la resolución de este de una forma aceptable para la mayoría de los participantes.

Para llegar a un consenso debes emprender las siguientes acciones:

— Concreta el asunto.
— Espera a que todos hayan hablado antes de dar tu opinión.
— Fomenta la lluvia de ideas creativa.
— Asume la responsabilidad de acotar las opciones.
— Evita acaparar el debate.
— Haz preguntas de sondeo.
— Debate sobre el asunto hasta que este sea comprensible para todos.
— Analiza y evalúa lo que se ha aprendido.
— Haz una recapitulación de todo lo que se ha dicho.
— Invita a llegar a una decisión, o tómala tú mismo.

Cómo tratar con personas difíciles

Aquellas personas que discuten contigo o que hablan entre ellos pueden hacer desviar el asunto de la reunión rápidamente. Si bien el debate es, por lo general, positivo para las organizaciones, algunas personas del grupo pueden poner a prueba tus límites discutiendo acerca de detalles irrelevantes, ignorando las opiniones ajenas o menoscabando el valor del consenso. Sus razones pueden ser el enfado con respecto a algo o sentirse ignorados por su jefe. Es probable que sean personas que no saben escuchar o que tengan intenciones ocultas. La mayoría de las veces, no se dan cuenta de lo mucho que llegan a irritar a los demás o del impacto negativo que esto provoca en su carrera, así como en la eficacia de sus equipos de trabajo.

Se pueden evitar los problemas que estos individuos difíciles ocasionan en las reuniones haciendo entrevistas previas. Cítalos para hablar personalmente con ellos y trata sobre un tema compartido para que lo discutan y den rienda suelta a su opinión. Señálales la actitud que aprecias y la actitud inadecuada. Durante vuestro cara a cara, déjales expresar lo que quieran, hazles preguntas y luego prosigue. Deja claros los límites de tiempo. Anima a los demás líderes de tu organización a que hagan lo mismo.

Corta por lo sano las conversaciones paralelas

Las conversaciones paralelas son otro de los problemas habituales de las reuniones. A veces, se dan simplemente porque se toleran, otras veces es porque la reunión programada se desvía de tema o se alarga demasiado. Si la gente se aburre o se impacienta, empezarán a hablar entre ellos sin darse cuenta de que esto es un acto de mala educación y de que están molestando al resto.

Tu reunión no puede ser productiva si se dan otras conversaciones a la vez. La mejor manera de abordar esta situación es dar toques de atención progresivamente. Primero, intenta hacer contacto visual con las personas que estén hablando y, si no captan la indirecta, levántate y ve hacia ellos, o llámales la atención. Otra estrategia es recordar al grupo las normas de las reuniones en cuanto a hablar cuando no toca. Al llegar a este grado de intervención, todos los asistentes deberían haber captado el mensaje, y, si hay alguien que no lo ha hecho, llámalo aparte al final de la reunión y coméntale que este comportamiento no le favorece ni a él ni al conjunto del equipo.

En lo que queda de capítulo encontrarás más consejos destinados a directores ejecutivos para que las reuniones procedan adecuadamente.

Acepta las malas noticias

Algunos líderes afirman que desean conocer las malas noticias, pero solo algunos de ellos lo piensan de verdad. Phil Lussier es el presidente del Departamento Institucional de Citistreet, una gran compañía de planes de jubilación. Phil es conocido por su predisposición a escuchar y por su capacidad de gestionar todo tipo de noticias, ya sean buenas o malas. Un vicepresidente de la compañía me dijo: «Phil nunca se enfada y siempre mantiene la calma. Puede escuchar doce malas noticias una tras otra y aun así mantendrá una actitud serena».

Como director ejecutivo, tú también deberías crear esta atmósfera de serenidad en las reuniones, especialmente si crees que vas a recibir malas noticias. Lussier dijo: «Es importante no enamorarse de tus propias ideas, y la gente debería saber que puede decir lo que quiera. Esto es primordial».

Cuando la gente ve cómo otros se levantan y anuncian sus malas noticias sin miedo a que haya consecuencias, entonces ellos también tendrán el valor de hacerlo. Deberías recordar esta política con regularidad para asegurarte de que el mensaje cala en la gente.

Da un cambio a lo preestablecido

Dan Wolf, fundador y director ejecutivo de Cape Air, tiene por costumbre hacer algún tipo de cambio para dar a las reuniones un soplo de aire fresco. Para las reuniones con su personal directivo invita a un líder diferente en casa ocasión, lo cual ayuda a que la gente aprenda cómo llevar reuniones a la vez que mantiene su atención.

«Considero que el proceso define los resultados. Si tu proceso es estático, así serán también los resultados», dice Dan. Cada miembro del equipo tiene un estilo diferente, y esto hace que no se caiga en la monotonía. «La gente no siempre se siente cómoda ante un cambio en la dinámica, pero no es confort lo que buscamos, sino la maximización del potencial de cada uno de ellos», señala.

Hay muchas maneras de cambiar las cosas, pero una de las más dinámicas es cambiar el lugar de reunión: un salón nuevo puede suponer un buen soplo de aire fresco. También se puede cambiar la hora de la reunión, o invitar a moderadores externos. Otra opción es pedirles a los miembros del grupo que propongan sugerencias, en especial si ves que las reuniones se están estancando.

Incorpora la costumbre de redactar informes de una página de extensión máxima

La cantidad de lectura que tiene que realizar una persona que prepara una reunión puede resultar abrumadora. Roger Marino, de la compañía EMC, dice lo siguiente: «En EMC tenía una norma. Estuve trabajando para dos licenciados en Harvard y tenía que disuadirles de que redactasen informes de doce, trece o catorce páginas sobre temas que no merecían tal extensión. Porque, ¿quién querría leerlo? El que se disponga a hacerlo va a perder el hilo de la idea, pues se necesita tiempo para leerlo entero».

Cuando escribas un informe —y hay que ser juicioso a la hora de hacerlo—, este debería ser de una página de extensión y, al igual que cualquier persona que redacte informes, tienes que saber cómo redactar. Si tienes miembros en tu equipo que no sepan redactar, mándales a un curso o proporcionales talleres de redacción. Los asesores ejecutivos también pueden ayudar en cuanto a las capacidades de redacción. Haz saber a la gente que valoras la brevedad e insiste en la síntesis de un informe, y también en la correcta redacción de los correos electrónicos. Tu organización funcionará con mucha más eficiencia si la gente sabe redactar como es debido. Imagínate la de tiempo que ahorrarías si se pudieran reducir los informes a la mitad.

Permite que los empleados expresen sus quejas

Tom Goemaat es presidente y director ejecutivo de Shawmut Design and Construction, entre cuyos clientes figuran Harvard, MIT, Cheesecake Factory, Hermes y Chanel. Tom cree en las reuniones abiertas con los empleados en las que compartir tanto información sobre el estatus financiero y empresarial de la compañía como le sea posible. Antes, durante o después de una reunión, los empleados tienen derecho a expresar sus quejas, lo cual significa que pueden presentar una queja ante cualquiera de los miembros, director ejecutivo inclusive, sobre cualquier acción que no esté en sintonía con los valores fundamentales de la empresa.

«Algunos directores de proyecto nos comentaron que estábamos tratando injustamente a los subcontratistas», dijo Tom. «Según nuestros valores, se debe tratar a los subcontratistas del mismo modo que se trata a los empleados. El derecho a expresar quejas sacó a la luz un tema importante, y se puso solución al problema».

Puede que trabajes para una organización en la que la gente se siente cómoda para expresar sus desacuerdos; pero, si no es así, puedes generar este espacio simplemente implementando esta nueva política. Incluso si crees que la mayoría de la gente se siente cómoda a la hora de expresar sus quejas, nunca está de más recordar abiertamente tal política.

Llama a todos a la participación

En una redacción de televisión en la que trabajé, el jefe convocaba una reunión cada mañana a las ocho y media. Periodistas y productores nos arremolinábamos en su humilde despacho, hombro con hombro, e íbamos llamando a todo el mundo para que acudiese a la reunión de la «idea del día». Saber que ibas a ser convocado cada mañana era de lo más motivador, y nunca te presentabas sin una idea nueva. El jefe anotaba todas nuestras ideas en una libreta y acto seguido distribuía las asignaciones del día. Naturalmente, aquellos que contribuían con buenas ideas se ganaban el derecho a ir a cubrir las historias implicadas. Esta práctica mejoró tanto las reuniones como toda la redacción.

Incluso aquellas personas que no tienen ningún problema en participar durante las reuniones no siempre llegan con algo nuevo que aportar a no ser que se lo hayan pedido. Hay una diferencia entre participar y presentarse con una nueva idea o reflexión. Un líder puede encender la chispa de la creatividad si pide a la gente que acuda a las reuniones con algo preparado en lugar de limitarse a discutir sobre las aportaciones de los demás.

Deja tus preocupaciones de lado

A menudo la gente se presenta a las reuniones con tantas cosas en la cabeza que no pueden participar plenamente. Están demasiado preocupados por cualquier cosa ocurrida antes de la reunión o por lo que vendrá después. Un ejecutivo dio con la solución a este tipo de distracciones: al comienzo de las reuniones, pide a los asistentes que escriban los dos o tres principales problemas laborales que les atormentan, y seguidamente les ordena que se deshagan de ellos. Y lo hacen pasándose una papelera por toda la sala para que cada cual haga una bola de papel con sus preocupaciones y la eche en el cubo.

Como alternativa, pídeles que se intercambien las notas con las de los compañeros y que den una respuesta rápida a sus problemas. Este tipo de líder estaría dispuesto a llegar tan lejos como lanzar caramelos a aquellos participantes más despistados para espabilarlos. Los enfoques creativos transmiten un gran mensaje y hacen que la gente se centre en el tema que se está tratando. Abordar las preocupaciones de una forma ocurrente puede ser el recordatorio que necesita la gente para pensar en el aquí y el ahora.

Sumario

Consejo de último minuto: Elabora un programa práctico que incluya el motivo de la reunión, la lista con los participantes, una breve descripción de los temas de debate y el tiempo disponible. Mantén controlado el tiempo asignado para cada tema para asegurarte de que no se te vaya de las manos.

Si dispones de más tiempo: Ponte en contacto con gente influyente antes de la reunión para descubrir sus preocupaciones, abordar sus objeciones y llegar a consensos.

Plan de mejora continua: Lee libros sobre organización de reuniones y recomiéndaselos a tu equipo principal, organiza talleres sobre el tema o haz que esta competencia se incorpore en la planificación de mejora individual de los líderes de la empresa, y considera también la idea de establecer por escrito las políticas de las reuniones.

14

Las conversaciones

*«Todo director ejecutivo debería tener
una cámara siguiéndole durante una semana.
Muchos se sorprenderían al ver aquello
a lo que se enfrentan».*

CHRIS MOORE,
director ejecutivo de Live Planet

Chris Moore, productor de cine y televisión entre cuyos trabajos figura *El indomable Will Hunting*, lanzó la productora Live Planet como nueva apuesta de creación con Ben Affleck, Matt Damon y Sean Bailey. Era la primera vez que Moore adoptaba el rol de director ejecutivo en el momento de la filmación del *reality-show Project Greenlight* de la propia productora, en el que aspirantes a guionistas y directores de películas compiten entre ellos. A los ganadores se les concede rodar su película mientras que otras cámaras filman el proceso. Moore figuraba en *Project Greenlight* como el productor intenso y volátil que intentaba mantener a la gente a raya. «Yo era el tío que chillaba, pegaba gritos y se enfurecía», dijo.

Moore nunca vio ningún corte durante la producción, y solo cuando el programa se estrenó en el canal Bravo pudo darse cuenta de la ineficacia de su estilo. «Estaba ahí sentado viendo cómo la gente me daba por perdido. Creía que lo que decía tenía algo de valor, pero la gente nunca hacía lo que yo les sugería. Más adelante les llamé y les pregunté: "¿Es que era una mala idea?" Muchos de ellos admitieron que ni siquiera recordaban lo que les había dicho, solo que les estaba poniendo la cabeza como un bombo», explica.

Moore reconoció que necesitaba un cambio, y describió su nueva forma de interacción con los demás: «Ahora los escucho. Y pienso que, si les preguntas, ahora se sienten más cómodos y relajados ante mi presencia». Si bien el temperamento de Moore era extremo, es interesante imaginarnos qué pasaría si cualquiera de nosotros tuviera una cámara siguiéndonos durante una semana. Incluso si eres de esos que nunca pierde la compostura ni alza la voz, ¿qué aprenderías de ti que no supieras antes?

«Puede que lo que los directores ejecutivos no vean es que la gente en realidad está midiendo sus palabras», afirma Moore. «Creen que la gente les escucha, pero lo cierto es que, una vez llegas a director ejecutivo, la gente no te cuestiona ni te reta. No es que los directores ejecutivos ignoren a la gente, lo que pasa es que nadie los cuestiona, no hay una conversación verdadera».

Los retos de la conversación

Uno de los peligros de convertirte en director ejecutivo es que cambien tu tipo de conversaciones. El día en el que te conviertes en jefe, la gente empieza a medir sus palabras, o incluso decide callarse completamente. Siempre están dispuestos a invitarte a que te unas a su círculo, o ellos al tuyo, pero a veces esto se presiente como algo artificial. Esperan a que tomes la iniciativa, te ríen las gracias, te hacen preguntas y de paso se congracian con ello. Y sabes que es así porque tiempo atrás el jefe no eras tú.

Ciertamente, las conversaciones experimentan un cambio cuando eres jefe. Aunque tus capacidades de conversación sean buenas, vas a tener que poner mucho de tu parte para conseguir mantener conversaciones genuinas con los demás siendo director ejecutivo, en especial con aquellos que trabajan para ti. No he conocido nunca a un director ejecutivo carente de aptitudes conversacionales eficaces; no se puede alcanzar la cima sin ser capaz de mantener conversaciones con las personas. Aun así, algunos ejecutivos deberían mejorar este aspecto: podrían hacer mejores preguntas y escuchar con más atención lo que les dicen.

Una conversación debería ser interesante y estimulante, una oportunidad para tantear el terreno, debatir, coger ideas, airearse, reflexionar y ponderar. Mantener una conversación no es simplemente hablar: es un circuito de doble dirección. Saber conversar es todo un arte.

Encuentra el momento

«Hagamos el esfuerzo de dejar de charlar entre nosotros y empecemos a mantener una conversación».

JUDITH MARTIN, *Miss Manners*

Con el ritmo de vida actual es muy difícil encontrar el momento de hablar con las personas. Andamos bajo tanta presión que no nos tomamos ni un minuto para mantener una auténtica conversación. Cuando conocí al director ejecutivo de una próspera empresa de servicios financieros, aprendí una gran lección sobre dedicar tiempo para mantener una conversación.

Trabajé para su compañía durante tres años pero nunca había llegado a conocerle. Alguien de la organización nos había programado una sesión de entrenamiento de cara a los medios de comunicación. Pero cuando acudí, me dijo que no disponía de tres horas para trabajar conmigo y que prefería que nos sentásemos a hablar durante una hora. Me ofreció un cómodo sillón en su despacho y hablamos largo y tendido de sus negocios, y al final se abrió a hablarme sobre asuntos más personales: había tenido una infancia y una carrera de lo más interesantes. Cuando ya estábamos en la puerta despidiéndonos con una encajada de manos, me di cuenta de lo contenta que me sentía de haber tenido la oportunidad de conocerle. Creo que fui su último compromiso del día. Esa misma tarde falleció de una parada cardíaca a la edad de cincuenta y tres años.

Desde entonces, he intentado tomarme más a menudo un momento para estar con la gente, aunque fuese solo por un minuto. A pesar de lo difícil que resulta encontrar tiempo, ¿qué sentido tiene tener una carrera profesional exitosa si solo vivimos para correr del teléfono a una reunión y de una reunión a otro compromiso? Una conversación no tiene por qué ser larga para que valga la pena o para que los demás lleguen a apreciarla. Cuando empiezas a encontrar tiempo para conversar, te das cuenta de que puedes seguir con tu ritmo de trabajo y al mismo tiempo conocer mejor a los demás.

Un director ejecutivo tiene que sentirse cómodo hablando, sea con quien sea. Peter Rollins, quien dirige el Chief Executive Club del Boston College, se ha reunido con docenas de directores ejecutivos de alto nivel de grandes corporaciones. «La mayoría de ellos llega a director ejecutivo por su don de gentes. Despuntan todos por su inteligencia, su infatigable trabajo y su pragmatismo, pero yo creo que si de veras han llegado a la cima es porque saben hablar con la gente y tratarla con respeto», dice Rollins. «Aquellos a quienes admiras son los que muestran verdadero interés y amabilidad con la gente; son de ese tipo de personas a quienes no podrías negarles la invitación para tomar una copa».

Curiosidad auténtica

> *«Puedes hacer más amigos en dos meses interesándote por ellos de los que puedes hacer en dos años intentando que se interesen por ti».*
>
> DALE CARNEGIE,
> autor de *Cómo ganar amigos
> e influir sobre las personas*

El denominador común de una buena conversación es la curiosidad auténtica. Esta es más que «escuchar con atención», es el más sincero interés hacia las personas y su pensamiento. Alguien que muestra auténtica curiosidad es alguien que de veras quiere saber cosas sobre ti y cómo piensas. Alguien genuinamente curioso hace preguntas geniales, escucha y responde. Estas personas no deben etiquetarse como «introvertidas» o «extrovertidas», sino que son simplemente personas con una auténtica curiosidad.

Yo no creo que escuchar a alguien con atención sea algo que se pueda simular; la gente nota cuando tienes la mente en otro lugar, por mucho que les mires a los ojos. Los «trucos» para pretender escuchar con atención —como asentir y repetir frases— suelen ser obvios para el interlocutor. Una auténtica conversación se basa en escuchar con los cinco sentidos y sumergirte bajo la superficie, ahí donde la mayoría de las personas pasan gran parte del tiempo.

Cuando eres director ejecutivo, mucha gente llevará de manera instintiva la conversación hacia ti y tus intereses, y tu tarea será invertir este sentido. Para que haya un auténtico intercambio de ideas, la conversación tiene que ser un carril de doble dirección. Vicki Donlan, editora de la revista *Women's Business Journal* y fundadora de dos organizaciones de mujeres, afirma: «En cuanto a las conversaciones del trabajo, no se trata de ti, sino de la persona con la que estás hablando».

Incluso si piensas que ya conoces a alguien, no lo haces con profundidad hasta que no le preguntas acerca de sí mismo. Una vez tras otra me he quedado estupefacta con las respuestas a preguntas tan sencillas como «¿Cómo fue tu infancia en tu ciudad?» o «¿Por qué te mudaste a esa ciudad?». Aprendí que mis suposiciones acerca de alguien son, a menudo, equivocadas. Las suposiciones acaban matando una conversación y nos mantienen alejados de aquella curiosidad más auténtica que nos conduce a mantener conversaciones geniales.

La curiosidad auténtica crea poderosas dinámicas. La gente sabe cuándo te interesas de verdad por ellos y, cuando tu interés es auténtico, ni siquiera tienes que hacer teatro, ya que actos como mantener el contacto visual y sonreír te salen de ti mismo, con toda naturalidad.

Iniciar una conversación

No basta con saber cómo mantener una conversación, tienes que saber cómo empezarla. En qué punto empiezas —tu pregunta inicial— no es tan relevante; lo importante es empezar. Tienes que dar el primer paso, a nadie le gusta ser el primero, así que muchos esperan a que otros den el pistoletazo. La gente agradece que hayas tomado la iniciativa.

Una empresa de gestión del patrimonio invitaba siempre a la mujer de uno de los ejecutivos a todos los eventos. Todo el mundo sabía que ella sería la primera en saludar, en tenderte la mano o en ayudar a alguien a encontrar su asiento. «Siempre actuaba como si estuviese recibiendo invitados en su propia casa», dijo el organizador del evento. «Incluso era mejor que nuestros propios vendedores». Sé el primero, toma la iniciativa. La gente agradecerá el esfuerzo.

¿Qué preguntas puedes hacer, o de qué temas puedes hablar? No hables sobre el tiempo si no es que hay un huracán por la zona. Pregunta a la gente qué la trae hasta el evento o qué vínculos tiene con los demás asistentes. Pregúntales si han ido alguna vez a un restaurante en concreto, a una determinada ciudad o lugar o si alguna vez han escuchado a este conferenciante o a ese grupo de música. Pregúntales de dónde son o dónde viven. La primera pregunta es más liviana que la segunda o la tercera.

Sigue formulando preguntas de peso

Una vez haya arrancado la conversación, sigue con preguntas más profundas. El propósito de este tipo de contactos es el de encontrar un espacio común, y la razón por la que a la gente no le gustan esta clase de conversaciones es porque casi nunca se llega más allá de la superficie. Muchas conversaciones son tediosas porque la gente no sabe hacer preguntas pertinentes.

Las buenas preguntas demuestran tu interés más auténtico hacia las otras personas. Dado que hay poca gente que se atreva con las preguntas indagatorias y que invitan a la reflexión, vas a destacar de entre los demás si eres tú quien las formula. Hacer preguntas pertinentes es crucial para un líder, ya que ayuda a conocer los acontecimientos y aprender cosas que, de otro modo, nunca descubrirías.

Una buna pregunta suele empezar con las palabras *cómo* o *por qué*. Estas preguntas te permiten adentrarte con mayor facilidad en el problema o tema, y comprender a la gente y las situaciones. Debes interesarte por los valores y las creencias de las personas, las razones que las empujan a actuar, así como sus anhelos, planes y sueños. Yo suelo preguntar: «¿Qué es lo que hizo decidirte a...?» o «¿Cómo te sentiste cuando...?» para intentar conocer al otro con profundidad. He podido comprobar que a la gente le complace hablar sobre cosas más profundas de sí mismos, así que no te dé miedo preguntar. Son muchos los que desean poder mantener una conversación como es debido, en especial si es acerca ellos.

Escucha con atención

«Si quieres ganar un adepto para tu causa, convéncelo primero de que eres su amigo sincero».

ABRAHAM LINCOLN,
decimosexto presidente de los EE. UU.

Escuchar con atención no consiste en pararte y conceder al otro el turno de palabra, sino en volcar todos tus sentidos para absorber el mensaje de tu interlocutor. Son aquellos pequeños detalles que oyes

—lo inusual, lo excepcional, lo inesperado— que, cuando consigues percatarte, tienes que entregarte a ellos y perseguirlos con preguntas u observaciones. El único modo de poner toda tu atención en escuchar es con los cinco sentidos. Lee entre líneas y trata de comprender su significado.

Escuchar activamente significa también dejar que la gente se exprese a su manera sin interrumpirla. Aparte de dejarla concluir, dale también un espacio, una pausa, antes de enunciar tus palabras. Asimismo, al finalizar la conversación, dale la oportunidad a tu interlocutor de añadir algo más antes de despedirte. Ken Fishkin, mi agente televisivo, es un experto sobre el tema. Al final de cada conversación cara a cara o telefónica, siempre pregunta: «¿Hay algo más de lo que quieras hablar?»

Escuchar con atención en un contexto social significa no tener que disimular bajo ninguna circunstancia. Si estás escuchando de verdad, nunca vas a tener que fingir interés, ni nada en absoluto, porque estás ahí, con tu interlocutor; no tienes que recordarte a ti mismo que debes mantener el contacto visual ni sonreír, ya que te saldrá espontáneamente. No conseguirás engañar a nadie si estás por otras cosas mientras finges estar escuchando. Si, al hablar por teléfono, estás a la vez leyendo correos o atareado en cualquier otro asunto, la otra persona lo notará. Además, aplicar la multitarea mientras deberías estar escuchando normalmente alarga las conversaciones, así que a fin de cuentas no resulta muy eficiente. Si tratas de escuchar y hacer otras cosas a la vez, no vas a ganar tiempo, al contrario, lo perderás.

Encuentra los intereses comunes

«Lo que tiene de bueno ser famoso es que, si aburres a las personas, se creen que la culpa es suya».

HENRY KISSINGER, exsecretario de Estado

En toda conversación, lo que intentamos encontrar son aquellos intereses que nos unen y que van a permitirnos un intercambio de ideas. Todo se vuelve mucho más placentero cuando encontramos un tema que interesa a ambos, algo de lo que hablar en profundidad. Cuando lo hacemos, estamos ante la oportunidad de mantener una conversación interesante, lo cual significa, a su vez, que tenemos la ocasión de conocer bien a la otra persona.

Encontrar los intereses comunes resulta muy sencillo con aquellas personas que se parecen a ti. No obstante, como director ejecutivo tienes que hacer el esfuerzo de encontrar este tema específico con todo el mundo. Con los empleados, por ejemplo, encontrar un tema de interés común ayuda a generar confianza. Evita caer en un diálogo unidireccional en el que la gente te pide la opinión y tú te limitas a dársela y nada más.

Introduce el tema de los negocios

Mis clientes me preguntan cómo se puede pasar hábilmente de un tema cotidiano a un tema de negocios. Existen muchas formas de hacerlo, incluso cuando hablas con alguien por primera vez. Algunas de mis preguntas generales favoritas sobre negocios son muy sencillas:

— «¿Qué tal si me cuentas algo de tu trabajo?»
— «¿Cuánto tiempo llevas en la empresa?»
— «¿A qué te dedicabas antes?»
— «¿Quiénes son tus clientes?»
— «¿Cómo te salen nuevas ofertas normalmente?»
— «¿Qué retos estáis afrontando ahora mismo en la empresa?»

A la mayoría de la gente le gusta hablar sobre sus negocios. Entonces, pregúntales.

Recaba información

Resulta muy fácil mantener una conversación si el asunto del que se trata son temas de actualidad, política, deportes, espectáculos, viajes y otras cosas de las que a las personas les gusta hablar. La gente va deambulando de tema a tema hasta encontrar uno que les interese. Por el contrario, tú no tienes que buscar a tus oyentes cuando tienes algo de lo que hablar, porque será tu conversación la que captará su atención.

El único consejo que te puedo dar con respecto a este punto es que encuentres tiempo para leer, mirar películas, practicar tus aficiones, ir a restaurantes nuevos y viajar. Diviértete, interésate por cuanto te rodea, conecta. Todo ello no solo hace que tengas mejores conversaciones, sino que también te convierte en una persona más feliz.

Pide consejo

Algunas de las conversaciones más gratificantes tienen lugar cuando pides consejo a alguien. La gente se siente halagada por tu petición. Pedir consejo o sugerencias suele ser una buena manera de iniciar un diálogo. Si has oído que alguien acaba hacer reformas en su casa, pídele que te dé referencias sobre el servicio contratado. Si has oído que alguien acaba de regresar de sus vacaciones, pregúntale qué deberías visitar o los mejores lugares donde comer en caso de que vayas algún día.

Buscar consejo te ofrece un buen motivo para llamar a alguien y pedírselo, tanto si conoces a la persona como si no. Si tenéis ni que sea alguna pequeña cosa en común entre vosotros, la mayoría de las personas te concederán algunos minutos de su tiempo para hablar contigo. Tienes que ser muy concreto con tus necesidades, no robar demasiado tiempo a la otra persona y mandarle un correo electrónico de agradecimiento después de la llamada. Vale la pena hacer este tipo de peticiones ya que nunca sabes lo que puede pasar. He llegado a tener unas relaciones empresariales estupendas con personas que decidieron llamarme para pedirme mi consejo sobre un asunto.

Despídete con elegancia

Parafraseando al cantante Paul Simon, hay cincuenta maneras de poner fin a una conversación. No debes sentirte nunca culpable de marcharte, especialmente en una reunión para establecer vínculos, en una conferencia o en una celebración. La gente está ahí para que te mezcles y te relaciones con ella. Al final de una buena conversación, tienes que encajar la mano de tu interlocutor, despedirte y proseguir tu camino.

Socialmente hablando, no existe ningún límite de tiempo establecido para una conversación, pero la media oscila entre los cinco y los diez minutos. Este margen da tiempo a ambas partes para conocerse mejor sin robarse demasiado tiempo el uno al otro. Si queréis seguir conversando más adelante, fantástico, esto te ofrece la oportunidad de decir: «Me gustaría volver a hablar de esto contigo en otro momento. ¿Te importa si te llamo a la oficina o te invito a un café y lo hablamos?».

Algunas reglas:

— Despídete de forma breve y simple.
— Haz sentir bien a la otra persona.
— Si quieres seguir con la conversación, dilo.
— Si no quieres seguir con la conversación, déjalo ahí y despídete cortésmente.
— No pongas como excusa ir al servicio, al bar o a sitio alguno donde la otra persona también pueda ir.
— Despídete siempre con una encajada de manos para cerrar una conversación como es debido.

A continuación, tienes algunos ejemplos de las cincuenta maneras de poner fin a una conversación:

— «Me alegro de que nos hayamos encontrado, me ha encantado hablar contigo».
— «Ha sido un placer. Nos vemos en la siguiente reunión».
— «Gracias por la información. ¿Podrías mandarme el número de teléfono?»
— «Sabes mucho de negocios. Si me das tu tarjeta, te tendré presente».

Consejos para distintos tipos de conversación

Esta sección final pone de manifiesto algunos de los conocimientos que he podido observar en directores ejecutivos en cuanto a conversaciones se refiere.

Jugando al golf

Tom Goemaat acababa de tomar el relevo de Shawmut Design and Construction como presidente y director ejecutivo cuando uno de los mayores clientes de la compañía le invitó a jugar al golf. Este mismo cliente llamaba a menudo para programar desayunos, cenas y partidos de golf. Dado que no eran amigos íntimos, Tom se preguntaba por qué este cliente querría pasar tanto tiempo con él.

Finalmente, el cliente preguntó: «¿Sabes por qué hacemos todo esto?»

«La verdad es que no», respondió Tom.

«Lo hacemos porque debemos forjar una relación basada no solamente en proyectos. Cuando tengamos que hacer frente a los problemas —cosa que pasará tarde o temprano—, debemos tener una buena relación para poder solucionarlos», dijo el cliente.

«Esto aclaró muchas cosas», me dijo Tom. «Asimismo, cambió mi manera de ver este tipo de encuentros. Como director ejecutivo, no juegas al golf para intentar zanjar un acuerdo, no juegas al golf para resolver los problemas; simplemente juegas al golf, charlas un poco y conoces a las personas».

Compartiendo mesa

Larry Lucchino, director ejecutivo de los Boston Red Sox, convoca a entre seis y ocho jugadores de béisbol alrededor de una mesa una vez al mes en la que todos comen juntos con el mánager y el resto de socios. «Comer y beber todos juntos es una gran idea», aseguró. «La gente tiene que verse con frecuencia, hay que trabar lazos con los demás».

Julia Child, la gran autora de libros de cocina que llevó la cocina francesa a la televisión estadounidense en los años 60 y 70, casi siempre recibía a sus invitados en la cocina. No se molestaba en poner la mesa en el comedor porque sabía que si sus invitados esperaban ahí mientras ella cocinaba se perdería muchos temas de conversación. Compartir mesa, ya sea en un restaurante elegante o alrededor de la mesa de la cocina, es uno de los mayores estimulantes para una conversación. No subestimes nunca el poder de la comida para la atmósfera de una animada conversación.

Aprovechando los momentos íntimos del día para pensar

Tom O'Neill, presidente y director ejecutivo de O'Neill Associates, trata de desayunar cada día con alguien que no conozca en persona o con quien hace mucho tiempo que no ve. Mientras se viste y se afeita, hace lo siguiente: «Pienso en lo que puede ser importante para esa persona. Por la mañana, me preparo mentalmente para lo que voy a decir. Si quieres ser respetado, tienes que mostrar respeto, y la mejor manera de hacerlo es prepararte para la conversación».

Dedicar tiempo a pensar sobre una conversación —y reflexionar sobre lo que te gustaría aprender de esta o qué te gustaría conseguir— es algo que vale la pena. Parte de tu preparación para el día que vas a afrontar es también preparación para las conversaciones que vas a tener. Para una persona es todo un cumplido que hayas reflexionado antes sobre lo que vas a hablar con ella; a la gente le gusta saber que tienes en cuenta sus intereses antes de presentarte a la cita.

Hablando con famosos

Como director ejecutivo vas a tener la ocasión de conocer a gente famosa. La mejor manera de abordar tales conversaciones es no dejar de ser el mismo que eres siempre y hablar de los mismos temas que hablarías con cualquier otra persona. En mi etapa como periodista, aprendí que actores, escritores, deportistas y políticos no quieren estar hablando de ellos mismos todo el rato. A menudo la gente les bombardea con preguntas relacionadas con su estatus de celebridad, y esto les acaba cansando e incomodando.

Dennis Lehane, escritor estadounidense nacido en Nueva Inglaterra, vio ascender su estatus de famoso cuando la adaptación al cine de su libro *Mystic River* ganó un Oscar. No mucho tiempo después, en un acto de recaudación de fondos, vi cómo la gente se le echaba encima hasta el punto de verse atrapado en el mismo sitio durante toda la noche del acto. Imagínate cómo reaccionaría cualquiera ante tal situación. Los famosos son solo personas; claro que puedes preguntarles sobre su carrera profesional y sus opiniones, pero deberías ampliar tus temas de conversación.

Sumario

Consejo de último minuto: En la siguiente conversación, da un paso más mediante las preguntas *cómo* y *por qué* para profundizar en el tema.

Si dispones de más tiempo: Comprueba tu agenda, toma nota de todas aquellas personas con las que tienes que reunirte al día siguiente y empieza a pensar en las conversaciones que mantendréis; investiga o aporta algo para demostrarles que te interesas por ellos.

Plan de mejora continua: Al acercarte al final de una conversación, tómate un minuto extra para preguntar a tu interlocutor cómo le van las cosas o si «hay algo más de lo que quiera hablar antes de despedirnos».

Tercera parte

Las estrategias

Conviértete en un gran orador a partir de un plan con el que trabajar

«No te quedes en la cama,
a no ser que ganes dinero haciéndolo».

GEORGE BURNS,
actor y humorista

15

Diez cosas que puedes hacer para garantizarte el éxito

«La manera de ganar confianza en uno mismo es hacer aquello que nos da miedo hacer y acumular así experiencias positivas. El destino no es cuestión de casualidad, sino de elección; no es algo a lo que se deba esperar sentado, es algo que hay que alcanzar».

WILLIAM JENNINGS BRYAN,
abogado y orador estadounidense

En este capítulo se describen diez acciones y comportamientos de gran ayuda que te acercarán a tus objetivos comunicativos. Emplea estas recomendaciones como guía para mantenerte en tu objetivo, sin perderlo de vista, y alcanza el siguiente nivel de tu plan de mejora.

Consejo 1: Has elegido este libro por algún motivo. Que no sea en vano

No creo que sea por accidente que estés leyendo este libro; tanto si te lo regalaron como si te lo compraste en la librería del aeropuerto o por internet, es el libro el que te ha encontrado a ti. Y lo hizo por una buena razón. En tu vida hay una fuerza muy poderosa que te hará sacar todo tu potencial de líder.

Escucha esta fuerza y déjala actuar. Tanto si el libro fue un regalo como una compra, representa una inversión de cara a tu éxito. Si quieres mejorar aún más esta inversión, haz lo siguiente: investiga y redacta un discurso que refleje tus verdaderos valores y creencias, empieza un diario de seguimiento, toma clases de actuación para ganar confianza, acude a un instructor de habilidades orales, a un instructor de medios de comunicación, a un redactor de discursos, a un estilista personal, a cualquier persona que pueda contribuir a tu ascenso al éxito. Tanto si eres director ejecutivo como si quieres llegar a serlo algún día, implícate en hacer lo que sea necesario. Esto te hará pasar del *deseo* a la *realidad*.

Consejo 2: Delega, cancela o pospón

Si quieres hallar tiempo para tu mejora personal, añade estas acciones a tu lista de tareas y anota en tu agenda las citas correspondientes. Tienes que priorizar la mejora de tus habilidades comunicativas y anteponerla a otros compromisos si es necesario. En definitiva, confecciona una lista de tareas y un horario con tus compromisos. Ya sabes cómo va siempre: si le dices a un amigo «Tenemos que quedar para comer», nunca acaba ocurriendo; pero, si entre los dos ponéis fecha y la anotáis, al final quedaréis para comer. Tener una agenda te hace responsable con tus compromisos.

¿De dónde se saca el tiempo? ¿Cómo se encajonan más actividades en una agenda que ya está muy apretada? Mi respuesta a esto es: delega, cancela o pospón. Con este procedimiento conseguirás reprogramar tus prioridades al tiempo que tendrás la seguridad de que todos aquellos compromisos que hayan quedado atrasados en la agenda acabarán teniendo lugar de algún u otro modo. Es solo cuestión de decidir lo que puedes confiar a otro, anular o posponer.

Mientras escribía este libro, usé en casa la táctica de «delegar, cancelar o aplazar» para algunos propósitos. Por ejemplo, aunque mi intención era tener un jardín de plantas perennes, no tuve tiempo para dedicarme a esta labor durante el verano. *Cancelé* ir a la jardinería porque sabía que me iba a poder la tentación de comprar plantas que no tenía tiempo de trasplantar. Entonces, cuando las malas hierbas del jardín crecieron a niveles de la selva amazónica, le pedí a mi hija que me echara una mano. *Delegué* la tarea de arrancar las malas hierbas. Valoramos la opción de contratar a un paisajista de jardines para que creara un entorno mejor, pero encontrar uno y luego reunirse con él suponía emplear mucho tiempo. *Pospusimos* el proyecto y nos conformamos con una vida menos perfecta: si no las miras mucho, algunas malas hierbas hasta parecen flores.

Me he sentado con muchos clientes para analizar sus agendas y aplicar esta estrategia. Frecuentemente, los ejecutivos quedan asombrados al darse cuenta de la cantidad de tiempo que libera el delegar, cancelar o aplazar proyectos y actividades no urgentes. A tal efecto, todos tenemos algo de lo que podemos prescindir. Y no hace falta que contratemos a un instructor, solo debemos echar un vistazo a nuestra agenda y elegir algún compromiso que no sea urgente o que alguna otra persona pueda hacer por ti. Cuando empieces a aplicar este sistema, te vas a sentir tan libre que querrás ponerlo en práctica con regularidad.

Consejo 3: Reúne a tu equipo

No hay nada como un equipo de personas a tu lado para ayudarte a conseguir tus objetivos. No tienes por qué aprender a hablar como un director ejecutivo por tu propia cuenta solamente. Tú eres el responsable de conseguirlo, sí, pero no tienes por qué hacerlo solo. Entre quienes podrían ayudarte a conseguirlo figuran los siguientes:

— Instructor en habilidades comunicativas.
— Instructor para medios de comunicación.
— Redactor de discursos.
— Mentor.
— Asesor estilístico.
— Humorista.
— Persona de relaciones públicas.
— Entrenador físico.
— Entrenador de voz.

Reúne a profesionales de alto calibre para que te ayuden en tu crecimiento personal y para que te den su punto de vista respecto a las áreas que estás desarrollando. El apoyo que recibas de ellos hará que no te detengas hasta conseguir tus propósitos. Alcanzarás tus metas el doble de rápido si cuentas con la gente adecuada.

Consejo 4: Tómate tu programa de entrenamiento personal como si fuese un programa de gimnasio

Un director ejecutivo al que entrevisté dijo que el entrenamiento de las habilidades comunicativas es como ir al gimnasio: «Puede que no te entusiasme ir, pero al salir te sentirás exultante». Me parece una buena analogía. La sensación de ver que estás aprendiendo a hablar mejor es de lo más satisfactoria.

Si te tomas tu programa de entrenamiento personal como si fuese un programa de gimnasio, conseguirás llegar hasta el final. Los asesores aconsejan a sus clientes tener un objetivo marcado, un plan de acción, compartirlo con un amigo y seguir su progreso. Tú puedes hacer lo mismo con este programa. Cada gota de esfuerzo que emplees valdrá la pena; una vez hayas empezado, no te detengas. Tal y como dijo Thomas Edison: «El genio es un uno por ciento de inspiración y un noventa y nueve por ciento de transpiración».

Consejo 5: Aprovecha este entrenamiento para ponerte también en buena forma física

Estar en buena forma física te hace sentir relajado y más seguro de ti mismo y, a la vez, te da la energía para estar a la altura en tu trabajo, incluyendo los discursos públicos. También duermes mejor y tu mente está más espabilada, pareces más seguro de ti mismo porque te sientes bien con tu aspecto. No tienes problemas con la talla de la ropa y empiezas a comprarte prendas bonitas que te sientan bien y que realzan tu imagen de líder. El ejercicio físico emite un mensaje muy potente sobre tu imagen personal: que te respetas a ti mismo, que eres organizado y disciplinado, y que tienes la energía necesaria para llevar a cabo tu trabajo. Por muy apretada que tengas la agenda, encuentra un hueco para practicar ejercicio físico.

Siempre, al empezar un programa de ejercicios en el gimnasio, te aconsejan que empieces poquito a poco para no lesionarte. Las lesiones son el principal motivo por el que la gente no alcanza sus objetivos físicos; si empiezas lentamente, puedes evitar contratiempos mayores. Existen muchas maneras de entrenamiento: ir al gimnasio, practicar deporte, caminar, hacer senderismo o practicar natación. Entre semana, estaciona el coche en la plaza más alejada del aparcamiento y sube por las escaleras en lugar de tomar el ascensor. Los fines de semana, sal fuera y practica algún tipo de ejercicio físico. Lo que realmente te ayudará a mantener una buena forma física es el total del ejercicio que practiques, no los treinta minutos de tu rutina diaria.

Si incorporas un sistema de ejercicio habitual, ya es algo por lo que alegrarse. Sigue así. De lo contrario, te recomiendo que apliques la táctica que hemos comentado anteriormente: delega, cancela o pospón. Encuentra ese hueco para priorizar el ejercicio físico, mantén tu compromiso para con tu salud física y tu bienestar. Al mismo tiempo, estás dando un gran ejemplo a todas aquellas personas que trabajan contigo; el ejercicio físico es bueno para los negocios.

Consejo 6: Ponte presión para ampliar los objetivos de tu plan de entrenamiento personal

A medida que vayas ganando confianza, te apetecerá ampliar tus objetivos. Cuando consigas dominar una habilidad, prueba con otra nueva, sin miedo a fracasar. A veces, sienta mejor apostar por lo seguro en lugar de arriesgarse y parecer un necio. Sin embargo, esto no te ayudará a ganar confianza en ti mismo o a pillarle el gusto a hablar en público.

Ampliar horizontes te permite descubrir aquello de lo que eres capaz. La meta no es la perfección, sino la eficiencia. Que no te dé miedo el fracaso. Tal y como dice la novelista Anna Quindlen: «Aquello realmente difícil pero fascinante al mismo tiempo es dejar de intentar ser perfecto y empezar a trabajar para ser quien realmente eres».

Si sientes que estás estancado, dale un vuelco a tu situación. Intenta salir al estrado y dar un discurso sin usar anotaciones, emplea alguna técnica, cuenta alguna historia divertida sobre ti mismo, sé franco y di aquello que todos están pensando, acepta dar un discurso en una conferencia importante, accede a dar una entrevista para uno de los mayores periódicos. Hay muchas maneras de darle un vuelco a tu situación, y hacerlo ampliará tus horizontes.

Consejo 7: No te detengas

Winston Churchill dijo una vez: «Si pasas por el infierno, sigue adelante». Alguna que otra vez te vas a sentir decepcionado por uno de tus discursos o presentaciones. Puede que publiquen palabras tuyas que se han malinterpretado, o que desearas haber dicho algo muy distinto en la reunión. Que no te agobie, aprende de estos errores. Nadie es perfecto, no nos podemos anticipar a todas las adversidades.

Sacúdete todo esto de encima y vuelve a la carga. Todos estos tropiezos pueden aportarte la materia prima para tu siguiente evento.

Convertir tus errores en batallitas para tus discursos es lo mismo que saber hacer limonada cuando la vida te da limones. Si nunca fracasas es porque ni siquiera lo estás intentando. No te detengas nunca, aun cuando creas que es demasiado difícil. Un día, alguien se te acercará y te dirá: «Haces que esto de hablar parezca de lo más sencillo...», entonces mirarás a esa persona y le dedicarás una sonrisa.

Consejo 8: Cree en tus capacidades

El arquitecto Frank Lloyd Wright dijo una vez: «Siempre sucede que hay algo en lo que crees, y la creencia en este algo hace que se haga realidad». Rara vez conseguimos demasiado antes de haber creído que algo era posible. En la vida algunas cosas las tenemos garantizadas, pero también sabemos que si no emprendemos nuestro viaje nunca vamos a llegar a nuestro destino.

Sea cual sea tu objetivo, tienes que creer que lo vas a alcanzar. Habrá días en los que vas a tener que dar un salto al vacío, y lo que ahí encuentres va a requerir de acción por tu parte. Creer en ello hace que te levantes cada mañana de la cama, y que te pongas manos a la obra. Aférrate a tus convicciones y hallarás la motivación.

Consejo 9: Disfruta con ello

«El secreto de la felicidad se encuentra en una palabra: excelencia. Saber cómo hacer algo bien hecho es disfrutar con ello».

PEARL BUCK,
escritor estadounidense

Pregunté a un director ejecutivo, y un buen orador, qué es lo que consideraba que los directores ejecutivos deberían saber acerca de dar discursos: «Tienes que disfrutar haciéndolo», fue su observación. «Y esto se transmite al público».

Ya sé lo que estarás pensando: saber hablar es una cosa, y disfrutar con ello es otra. Si detestas hablar en público o si eres incapaz de concebir las entrevistas ante los periodistas como algo agradable, piénsalo dos veces, porque puede resultar una grata experiencia. El secreto está en hacerlo correctamente. Todo aquello que se lleva a cabo correctamente encierra una recompensa en sí mismo. Además, recibes *feedbacks* positivos por ello. Puede que nunca te llegue a apasionar hablar en público o dar presentaciones, pero podrás sentir la alegría de cosechar sus resultados.

Consejo 10: Celebra tus éxitos

Oprah Winfrey, aclamada presentadora de programas de televisión y actriz, dijo: «Cuanto más agradeces y celebras la vida, mayores motivos de celebración te da esta». Cuando has trabajado duro para alcanzar tus metas, celébralo y goza de los frutos que te ha dado.

Siempre animo a mis clientes a que se premien a sí mismos tras haber estado trabajando en un proyecto de gran envergadura. Encuentra una manera simple pero significativa para festejar tus logros: si has trabajado duramente para redactar y dar un discurso que ha sido recibido con aplausos, tómate una tarde libre; si después de dar una presentación consigues cerrar un negocio, ve de compras o sal a cenar fuera. Premiarse a uno mismo es una forma de decirle a tu cerebro que «ha sido de lo más excitante», lo cual te motiva a seguir adelante y avanzar.

Tu programa de entrenamiento personal no es una maratón al final de la cual hay escondido un gran tesoro, sino un viaje en el que irás alcanzando distintos hitos. Celebra cada uno de ellos a medida que vayas convirtiéndote en aquel orador y líder con quien sueñas ser. Obtén el apoyo de tu equipo, entrégate a tus objetivos y sortea los obstáculos. Usa el modelo de entrenamiento que te ofrecemos en el siguiente Capítulo 16 como guía para tu plan de habilidades comunicativas personalizado. Dedícale tiempo a tu mejora personal y conviértete en un gran orador.

16

Cinco planes de entrenamiento

*«Dame ocho horas para cortar un árbol
y pasaré las primeras seis afilando el hacha».*

ABRAHAM LINCOLN,
decimosexto presidente de los EE. UU.

En este capítulo final encontrarás cinco modelos de planes de entrenamiento. Úsalos como punto de partida para crear el tuyo propio. Los distintos modelos tienen objetivos y calendarios de acción diferentes. Tómatelos no como planes para ejecutar de principio a fin, sino como modelos para confeccionar tu propio programa de aprendizaje sobre cómo hablar como un director ejecutivo.

Piensa en lo que quieres llegar a conseguir y escríbelo. ¿Qué vas a necesitar para alcanzar tu objetivo? Cuanto más definido sea tu plan de acción, mayores posibilidades de éxito tendrás en su ejecución. Añádelo a tu agenda o a tu lista de tareas y revísalo cada semana, cada mes. Pronto mirarás hacia tras y exclamarás: «¡Mira por dónde! ¡Lo he conseguido!».

En el caso de que quieras trabajar con un instructor personal, él te ayudará en todas las fases de tu proceso: evaluará tus necesidades, te diseñará un plan, te guiará en el aprendizaje, te dará *feedback* y celebrará tus logros contigo.

Si prescindes de un instructor de competencias comunicativas, de un instructor de medios de comunicación o de cualquier tipo de ayuda externa, reúne por lo menos a un equipo. Estés en el punto que estés de tu carrera profesional, hay personas que te podrán ser de ayuda. Fíjate en Tiger Woods: contó con la ayuda de Butch Harmon como entrenador para erigirse como el mejor jugador de golf. Cuando Woods rompió su relación con Harmon, su estilo de juego sufrió las consecuencias. A menudo, los comentaristas sugerían que este debería contar de nuevo con Butch en su equipo. Todos nosotros podemos salir beneficiados en cualquier fase del proceso si contamos con gente que nos ayude más allá de nuestro estilo de juego.

Plan de tres meses: Discursos introductorios

Proyecto: Dar un discurso introductorio excepcional ante un grupo empresarial de alto nivel.

Objetivos:
— Redacta y habla con claridad.
— Sírvete de historias para hacer hincapié en los puntos importantes.
— Perfecciona tu humor y siéntete cómodo empleándolo.
— Busca más contacto visual.
— Ten un porte relajado y seguro ante la audiencia.
— Emplea la voz de forma más eficiente.
— Habla de manera más conversacional.

Duración prevista: Diez horas mensuales, 30 horas en total.

Primer mes de trabajo: Para comenzar, asesórate con un instructor; analiza tus grabaciones en vídeo y tus posibles carencias; analiza los temas de discurso y la audiencia con un redactor; escribe historias, anécdotas y otros temas; recaba información y redacta tu primer boceto y analízalo; abre carpetas para guardar tu historial de discursos.

Segundo mes de trabajo: Graba tu nuevo discurso en vídeo y analízalo; trabaja tu voz, tu lenguaje corporal y gesticulaciones; practica tu habilidad para contar historias, añade humor, lee libros para mejorar tu voz y escucha grabaciones de discursos de grandes oradores.

Tercer mes de trabajo: Practica en un escenario, grábate y analízalo con tu instructor, practica en casa; interioriza el mensaje, da los últimos toques al boceto final, elige bien tu ropa y analiza los resultados con tu instructor.

Plan de seis meses: Técnicas de presentación

Proyecto: Dar presentaciones técnicas o empresariales acerca de una nueva propuesta ante inversores, empleados y clientes.

Objetivos:
— Desarrolla un estilo de presentación donde te sientas relajado y seguro de ti mismo.
— Presenta el material de forma que todo el mundo pueda entender.
— Muestra la importancia de las soluciones ante las necesidades de la audiencia.
— Aprende técnicas para convencer a la audiencia.
— Ponte de pie ante la audiencia en un escenario sin podio con total confianza.
— Usa las manos y los gestos de forma eficaz.
— Mejora tu apariencia profesional.

Duración prevista: Ocho horas mensuales, 48 horas en total.

Primer mes de trabajo: Reúnete con tu instructor para analizar las carencias en tus habilidades, recaba información sobre la audiencia y los temas a tratar, convoca una reunión de planificación estratégica, perfila tu presentación, lee libros sobre imagen personal y pide consejo a un asesor estilístico.

Segundo mes de trabajo: Convoca una segunda reunión de planificación estratégica, asiste a conferencias para observar a los buenos oradores, incorpora nuevas técnicas.

Tercer mes de trabajo: Elabora los puntos a tratar, convoca una tercera reunión de planificación estratégica, pauta la estructura de la presentación, practica en casa, lee libros sobre presentaciones en PowerPoint.

Cuarto mes de trabajo: Graba un ensayo general de tu presentación, recibe *feedback* de tu equipo y de tu instructor, practica ante un espejo, haz prácticas de voz con una grabadora en casa.

Quinto mes de trabajo: Haz un ensayo general, recibe *feedback* y analízalo, recibe de tu instructor *feedback* sobre el contenido y el estilo de la presentación.

Sexto mes de trabajo: Analiza el vídeo de la presentación con tu instructor, valora tu progreso y marca los objetivos de los siguientes seis meses.

Plan de seis meses: Entrenamiento para los medios de comunicación

Proyecto: Gira mediática para hacer publicidad de un nuevo producto, servicio o innovación.

Objetivos:
— Gana confianza para hablar ante los periodistas.
— Presenta tus ideas de forma clara y concisa.
— Gestiona las entrevistas con seguridad.
— Desarrolla nuevas estrategias de preparación para entrevistas.
— Habla de manera estructurada, con energía y entusiasmo.
— Expresa tu opinión eficazmente.
— Ten destreza para gestionar preguntas peliagudas.
— Ten un buen porte ante las cámaras de televisión.
— No te salgas de tu mensaje principal y transmítelo sin vacilar.

Duración prevista: Cuatro horas mensuales, 24 horas en total.

Primer mes de trabajo: Reúnete con el personal de relaciones públicas y comunicaciones para tratar el enfoque estratégico y el mensaje; reúnete con tu instructor para fijar los puntos principales del discurso, analízalos y practícalos en voz alta; lee libros sobre cómo actuar ante los medios de comunicación.

Segundo mes de trabajo: Reúnete con tu equipo de relaciones públicas o con tu instructor para redactar las posibles preguntas que saldrán, graba una sesión de práctica o una entrevista de prueba, pule los puntos principales de tu discurso.

HABLAR COMO UN CEO

Tercer mes de trabajo: Practica los puntos principales de tu discurso y grábate, escucha tu voz; practica con tu instructor, realiza una segunda entrevista de prueba, analiza tu lenguaje corporal y tu voz; lee libros sobre técnicas ante las cámaras, videoconferencias y televisión.

Cuarto mes de trabajo: Haz un ensayo general simulando una rueda de prensa, grábate y analízalo con tu instructor y con el personal de relaciones públicas; realiza un segundo ensayo general simulando una entrevista cara a cara, grábate y analízalo con tu instructor.

Quinto mes de trabajo: Haz la rueda de prensa y las entrevistas y grábalas, analízalas con tu instructor y recibe *feedback*; evalúa tu progreso.

Sexto mes de trabajo: Analiza la prensa y las secciones de revistas con tu equipo de relaciones públicas y comunicaciones, reúnete con tu instructor para evaluar tu progreso y fijar los objetivos de los siguientes seis meses.

Plan de seis meses: Presentaciones, discursos, medios de comunicación

Proyecto: Da presentaciones excepcionales ante la junta, mejora las relaciones con clientes insatisfechos debido a una mala experiencia, gana apoyos de la comunidad empresarial mediante entrevistas ante los medios, da motivación e inspiración a tus empleados tras un periodo de malas noticias.

Objetivos:
— Habla sobre tus propósitos con claridad.
— Mantén una apariencia relajada y confiada ante la junta directiva.
— Prepara respuestas a preguntas intrincadas de clientes insatisfechos.
— Transmite un mensaje sólido ante los medios.
— Habla con los empleados de forma conversacional.
— Da motivación e inspiración a la gente para superar una situación difícil.

Duración prevista: Ocho horas mensuales, 48 horas en total.

Primer mes de trabajo: Redacta al detalle los objetivos comunicativos de todo el año, mantén una entrevista personal con tu instructor, graba tu presentación ante la junta y recibe un análisis sobre posibles carencias; lee libros sobre habilidades para hablar en público.

Segundo mes de trabajo: Debate los puntos principales ante los medios con tu personal de relaciones públicas y comunicaciones, analiza los puntos principales con tu instructor, prepara y revisa tu PowerPoint, practica en casa.

Tercer mes de trabajo: Haz un ensayo general simulando una presentación ante la junta y grábate para analizarlo con tu instructor y practicarlo, lee libros sobre habilidades ante medios de comunicación, fija reuniones con clientes.

Cuarto mes de trabajo: Graba un simulacro de entrevista ante los medios de comunicación, elabora una lista con las preguntas peliagudas de los clientes, debate las estrategias, perfila los puntos principales con tu instructor.

Quinto mes de trabajo: Analiza artículos o vídeos de entrevistas reales, practica para tus reuniones con clientes y grábalo para analizarlo, perfila los puntos principales; lee libros de negocios.

Sexto mes de trabajo: Mantén reuniones con clientes, analiza los resultados con tu instructor, empieza a preparar los puntos principales para la siguiente reunión de junta, practica en casa.

Plan de doce meses: Las habilidades comunicativas de un líder

Objetivo: Prepárate para escalar hasta un nuevo gran puesto en la empresa con la mejora de todos los aspectos comunicativos: discursos, presentaciones, entrevistas ante los medios, dirección de reuniones y habilidades conversacionales.

Duración prevista: Ocho horas mensuales, 96 horas en total.

Primer mes de trabajo: Entrevistas personales, el instructor te hace una entrevista dinámica con colegas, informantes directos, supervisores y altos directivos; establece tus metas profesionales.

Segundo mes de trabajo: El instructor te pone en conocimiento del resultado de las entrevistas dinámicas realizadas para analizarlas, debatid sobre objetivos y estrategias y trabajad en una lista de tareas basada en estos aspectos.

Tercer mes de trabajo: Da una presentación y grábala; seguidamente, evalúa las carencias detectadas y recibe *feedback* constructivo.

Cuarto mes de trabajo: Analiza la grabación y evalúa el contenido y el estilo, pon en práctica tus habilidades nuevas, prepara un discurso con los puntos e historias principales, recaba hechos y anécdotas.

Quinto mes de trabajo: Haz una prueba con tu discurso y grábate, trabaja los puntos de contenido y estilo, revisa el discurso y practícalo de nuevo; presenta el discurso final.

Sexto mes de trabajo: Analiza el contenido y el estilo del discurso, pide consejos y recomendaciones adicionales, confecciona la agenda para una reunión en función de los temas a tratar, puntos conflictivos y de los socios.

Séptimo mes de trabajo: Sigue lo marcado en la agenda, practica los puntos clave a tratar, simula un debate en torno a ello, habla con tus socios antes de la reunión para sentar las bases de esta, debatid las técnicas para gestionar asuntos difíciles. Redacta la introducción y los puntos clave que se tratarán.

Octavo mes de trabajo: Analiza el resultado de la reunión y las estrategias que funcionaron, fija la celebración de un evento de alto nivel y estudia los participantes, los asuntos y las bases. Analiza el protocolo empresarial, establece los temas a tratar, simula conversaciones y grábalas.

Noveno mes de trabajo: Prepara los puntos clave y las preguntas para entrevistas con los medios, practica las respuestas, revisa las técnicas que se emplearán; haz la entrevista.

Décimo mes de trabajo: Analiza la grabación y la publicación de la entrevista e identifica qué funcionó y qué no. Recaba información, redacta, revisa y practica el discurso principal.

Undécimo mes de trabajo: Practica el discurso principal, grábate y analízalo con tu instructor.

Duodécimo mes de trabajo: Analiza tus logros y evalúa tu progreso, planifica de cara al año siguiente.

Haz de ello tu viaje personal

> *«El viaje de mil millas comienza con un solo paso».*
>
> LAO-TSE,
> fundador del taoísmo

Si contrastas los anteriores planes verás que difieren en cuanto a su extensión, que puede ser de tres, seis o doce meses. Tú programa es único y personal: modifica tus objetivos, tu calendario y tus actividades según tus necesidades. Empleando las técnicas del capítulo anterior —como la de delegar, cancelar o aplazar— puedes confeccionar y personalizar el plan que te encarrile hacia el logro de tus objetivos comunicativos.

Dar el primer paso requiere de dos convicciones: 1) la de que serás capaz de alcanzar tus objetivos, y 2) la de que tus esfuerzos marcarán la diferencia en el desarrollo de tu carrera profesional. *Eres* capaz de conseguirlo, y tus esfuerzos *marcarán* una gran diferencia. Si bien el horizonte al que te diriges puede parecerte un trabajo desalentador, recuerda que las estrategias que has aprendido en este libro te ayudarán a desmenuzar el proceso entero en tareas más pequeñas en las que trabajar día a día.

Recuerda que los oradores natos como tales no existen. Cuando posees las herramientas y las capacidades para una comunicación eficaz ante cualquier tipo de audiencia, tienes el poder para devenir el gran líder que quieres ser. El tipo de orador y de líder en que te vas a convertir depende tan solo de ti. No temas dar el primer paso, y haz de ello tu viaje personal.

Apéndice A

Listados de control

Los listados de control te sirven de ayuda para preparar tus discursos, presentaciones o entrevistas ante los medios de comunicación. Además, puedes emplearlos como herramienta de evaluación de tus progresos. Los listados de esta sección se dividen en dos categorías: Contenido y Estilo. Para el análisis de tus grabaciones, ya sean de discursos, presentaciones o entrevistas, úsalos como guía. Asimismo, puedes poner en manos de un instructor, colega o amigo estos listados para que te ayuden en la evaluación de tus intervenciones.

Listado para discursos y presentaciones

Contenido:
— Contar una historia o anécdota como fórmula de inicio.
— Tener claros los temas y puntos del día.
— Ser organizado y directo.
— Declaración clara de los beneficios a la audiencia.
— Usar un lenguaje inclusivo.
— Usar apropiadamente las historias y anécdotas.
— Aportar información e imágenes de interés.
— Usar metáforas y lenguaje descriptivo.
— Tratar temas de actualidad.
— Distribuir material de utilidad como apoyo para tu presentación.
— Aportar material visual atractivo y de fácil visualización.
— Aportar información útil y relevante.

Estilo:
— Conversacional.
— Enérgico.
— Postura relajada.
— Lenguaje corporal expresivo.
— Gesticulaciones eficaces.
— Risueño.
— Contacto visual.
— Movimientos con propósito.
— Voz correcta, cadencia.
— Tono y volumen agradables.
— Ritmo, pausas y expresiones.
— Sin uso de muletillas como «hum».

Listado para entrevistas ante los medios

Usa este listado de cara a una entrevista ante los medios como recordatorio de lo que puedes incluir. Cuando practiques para la entrevista, puedes pedirle a tu instructor o a un colega de confianza que vaya revisando los puntos y que anote comentarios.

También puedes usar este listado para evaluar tu intervención en caso de que tengas la grabación de tu conferencia o entrevista. Marca todos aquellos puntos que hayas detectado y escribe comentarios sobre su eficacia en el margen derecho.

Contenido:
— Hechos convincentes.
— Información relevante, interesante y pertinente.
— Ser breve e ir al grano.
— Información de interés para gente externa a la organización.
— Mensaje claro.
— Hechos que apoyen la información.
— Lenguaje simple.
— Respuestas a preguntas peliagudas.
— Mensajes breves y concisos.
— Fórmulas de insistencia para las ideas importantes.
— Fórmulas puente como enlace con los puntos principales.

Estilo:
— Conversacional.
— Enérgico.
— Postura correcta.
— Lenguaje corporal expresivo.
— Expresiones faciales agradables.
— Contacto visual constante con la cámara (en entrevistas graba-
das) o con el periodista (en entrevistas cara a cara).
— Mantener manos y brazos en reposo.
— Buena cadencia de voz.
— Ritmo, pausas y expresiones adecuados.
— Tono y volumen agradables.
— Apariencia relajada.

Apéndice B

Preguntas frecuentes

El presente apéndice es una guía rápida de referencia a preguntas que Bates Communications suele recibir.

P: ¿Cuánto tiempo debería dedicar a practicar un discurso?
R: Los oradores profesionales practican sus discursos en voz alta hasta docenas de veces antes de pronunciarlos ante una audiencia. Si quieres mejorar, usa esta información como guía.

P: Admiro mucho aquellos oradores que son divertidos, aunque no creo que yo lo sea. ¿Qué puedo hacer al respecto?
R: Todo el mundo puede ser divertido sin tener que ser humorista. Emplea un humor discreto, observa cuáles son las situaciones más duras y dales la vuelta con las técnicas que se describen en el Capítulo 9. A las audiencias les agrada el humor pertinente, las predispone a escuchar con atención al mismo tiempo que destacas como orador seguro de ti mismo.

P: No tengo historias interesantes que contar. ¿Cómo puedo encontrar buenas historias para mis discursos?
R: El mejor lugar donde empezar a buscar es tu experiencia personal; se trata de una potente técnica. Al mismo tiempo, ve anotando las historias que la gente cuenta a tu alrededor que puedan inspirar a los demás o ilustrar los valores principales.

P: ¿Qué es mejor, escribir mi discurso palabra por palabra o usar tarjetas?
R: Dependerá del discurso. Para un discurso de apertura o panegírico puede ser mejor escribirlo de principio a fin, por el contrario, para

una presentación informal con los empleados puedes llevarlo anotado en tarjetas de discurso.

P: Me gustaría saber hablar de forma improvisada, sobre la marcha. ¿Qué aspectos tendría que practicar?

R: Los grandes oradores que dan la impresión de hablar improvisadamente por lo general han practicado las partes principales de su discurso. La práctica te ayuda a exponer tus puntos principales de forma más clara a la par que evitas hacerte farragoso o disperso.

P: Sé hablar bien ante grupos reducidos, pero me pueden los nervios ante grandes multitudes. ¿Cómo podría mitigar estos nervios?

R: La solución es practicar y conocer bien tu discurso. Nos sentimos nerviosos cuando no estamos preparados. También podría ayudarte practicar tu discurso en un escenario e imaginarte a la audiencia.

P: ¿Cómo puedo transmitir mi mensaje de manera más eficaz a los medios de comunicación?

R: Anota las preguntas que esperas que te pregunten, incluso aquellas que no quieres responder. Prepara los puntos principales de los que hablarás y simula la situación con alguien para poner en práctica tu modo de transmitir el mensaje y de gestionar las preguntas más intrincadas.

P: ¿Cómo puedo evitar que la pregunta peliaguda de un periodista me ponga entre la espada y la pared?

R: Nunca respondas «Sin comentarios», ya que te hace parecer evasivo. Explícale al periodista por qué no puedes dar respuesta a su pregunta, o bien responde honestamente. Si tratas de esquivarla, los periodistas insistirán en la pregunta.

P: ¿Es admisible hablar con los periodistas confidencialmente para asegurarme de que entiendan todo correctamente?

R: Hablar confidencialmente con los medios de comunicación puede resultar algo delicado, especialmente si durante la misma entrevista vas hablando intermitentemente con ellos tanto pública como confidencialmente, porque puede crear confusión. Si conoces al periodista, puedes decirle que le aportarás información de referencia que no debe ser publicada. Cerciórate de avisar verbalmente a todos los periodistas sobre esto antes de empezar la entrevista.

P: ¿Cómo puedo evitar que se me malinterprete?
R: Emplea las fórmulas de insistencia, habla de forma clara y repite tus puntos principales.

P: ¿Qué es lo que debería buscar en un instructor personal?
R: Verifica su experiencia profesional, su lista de clientes, sus referencias, libros y artículos. Mantén entrevistas con los candidatos para cerciorarte de que conectáis. La química entre vosotros es de suma importancia. Hablad de sus métodos como instructor y evalúa su capacidad de aportar un *feedback* honesto y constructivo.

Apéndice C

Lecturas recomendadas

Lecturas recomendadas

Andre, Mary Lou. *Ready to Wear: An Expert's Guide to Choosing and Using Your Wardrobe*. Penguin Books.

Baldridge, Letitia. *Letitia Baldrige's New Complete Guide to Executive Manners*. Rawson Associates.

Benson, Herbert. *The Relaxation Response*. Harper Collins.

Bixler, Susan, y Lisa Scherrer Dugan. *Five Steps to Professional Presence: How to Project Confidence, Competence, and Credibility at Work*. Adams Media Corporation.

Cook, Ann. *American Accent Training: A Guide to Speaking and Pronouncing American English for Everyone Who Speaks English as a Second Language*. Barron's Educational Series.

Dumaine, Deborah. *Write to the Top: Writing for Corporate Success*. Random House.

Esposito, Janet. *In the SpotLight: Overcome Your Fear of Public Speaking and Performing*. Strong Books.

Fox, Jeffrey J. *How to Become CEO: The Rules for Rising to the Top of Any Organization*. Hyperion.

Post, Peggy, y Peter Post. *The Etiquette Advantage in Business: Personal Skills for Professional Success*. HarperResource.

Seitz, Victoria A. *Your Executive Image: How to Look Your Best Project Success–for Men and Women*. Adams Media Corporation.

Smith, Jodi. *The Girls Guide to Social Savvy and The Guys Guide to Social Savvy*. Barnes and Noble Books.

Zelazny, Gene. *Say It with Charts: The Executive's Guide to Visual Communication*. McGraw-Hill.

Apéndice D

Comunicación y liderazgo

Resultados de la encuesta estatal «¿Cómo se comunica tu jefe?», de Bates Communications, Inc.

El siguiente es un breve resumen de los resultados de la encuesta estatal realizada telemáticamente a 293 profesionales en 2004 teniendo como hilo conductor la comunicación y el liderazgo en el lugar de trabajo. La encuesta constaba tanto de preguntas abiertas como cerradas, y a cada participante se le pedía valorar a su jefe según diez aspectos comunicativos y de liderazgo. También se incluían preguntas acerca del liderazgo en la empresa del participante y acerca de los estilos comunicativos en su lugar de trabajo. Por último, a los participantes se les hizo dos preguntas con respuesta abierta a las que contestar, una sobre aquello que convierte a una persona en un auténtico líder y la otra sobre los consejos que darían a los líderes de su organización para ayudarles a mejorar sus habilidades comunicativas.

La comunicación es fundamental

Los participantes prácticamente mostraron unanimidad en cuanto a la valoración de una comunicación eficaz. La comunicación eficaz representa claramente un requisito para la eficacia de un líder:

«¿Cuán importante es para el líder de tu organización comunicarse de forma eficaz?»

91,5 %   Muy importante: es una característica fundamental para el liderazgo.

7,8 %   Bastante importante: contribuye a la prosperidad de todos

0,7 %   No demasiado importante: hay otras características más primordiales.

La confianza en los líderes es elevada, aunque se requiere de mayor liderazgo

En general, nuestros resultados se dividieron entre niveles de confianza altos y moderados en cuanto al liderazgo en las organizaciones de los encuestados. Tan solo unos pocos afirmaron que no confiaban en sus líderes.

«Por lo general, ¿cuánto confías en los líderes de tu empresa?»

44,7 %   Muchísimo, son de gran confianza.

43,7 %   Regular: se nota que lo intentan, pero la gente tiene sus recelos.

11,6 %   Nada, han hecho muy poco para inspirar confianza o ganarse confianza.

En particular, los jefes de las organizaciones de la mayoría de los encuestados recibieron la toga del verdadero liderazgo:

«¿Te sorprendería que el jefe de tu empresa supiera hablar ante todos para transmitiros una nueva línea a seguir y que todo el mundo se sintiera motivado a ello?»

65,5 %   En absoluto: nuestro jefe sabe hablar como un auténtico líder.

26,3 %   Bastante: él raras veces posee la capacidad para expresarse como es debido e inspirar a los demás.
8,2 %   Muchísimo: nuestro jefe nunca ha sabido hacer tal cosa.

Sin embargo, más allá de los buenos resultados, los encuestados
determinaron que sus organizaciones sufrían algunas carencias: menos de un tercio dijo que su empresa contaba con más de una voz de
liderazgo auténtica.

«¿Cuántas consideras que son las voces de liderazgo en tu empresa?»

29,0 %   Contamos con muchos líderes capacitados e inspiradores.
49,8 %   Hay algunas, aunque debería haber más.
21,2 %   No hay muchas, si las hay, verdaderas voces de liderazgo.

En total, los grandes líderes recibieron buenas calificaciones aunque
todavía hay una carencia de buenas voces de liderazgo, según las valoraciones de la mayoría de las compañías y organizaciones.

Los jefes tienen que mejorar sus capacidades comunicativas

Puesto que son muchos los profesionales que tienen que lidiar más de
cerca con el estilo y las capacidades comunicativas de sus jefes directos que con los de los altos cargos de una empresa, pedimos a los participantes que valorasen a sus jefes según un abanico de aspectos comunicativos.

Hablando en términos generales, los jefes recibieron puntuacio-
nes más bajas en cuanto a comportamientos comunicativos específi-
cos (atención al escuchar, habilidades comunicativas, celebración de
reuniones productivas) que en cuanto a aquello relacionado con sus
rasgos de personalidad (humor, honestidad) o con el hecho de ser la
cara pública de la organización (establecer objetivos claros, representar a la compañía). Esto podría ser un indicador de que la materia
prima está ahí y, por lo tanto, este entrenamiento específico en habi-

lidades comunicativas y técnicas no hará sino mejorar las capacidades de liderazgo y persuasión.

En este punto de la encuesta, los participantes valoraron a sus jefes en diez aspectos según tres respuestas de valoración a elegir:

«Piensa en tu jefe o en tu superior directo de la empresa y valóralo en cada aspecto según los baremos que se te ofrecen»:

Alto: Mi jefe es bueno en esto.
Medio: Mi jefe lo intenta y solo a veces lo consigue.
Bajo: Mi jefe no pone mucho esfuerzo en esto y los resultados son infructuosos.

A continuación, puedes ver los resultados en orden decreciente empezando por las calificaciones altas. La mayoría de los encuestados otorgó una calificación alta en cinco de las áreas:

Demostrar sentido del humor cuando es pertinente

Alto   60,4 %
Medio   30,7 %
Bajo   8,9 %

Representar a la compañía en eventos públicos

Alto   57,3 %
Medio   30,8 %
Bajo   11,9 %

Ser honesto y directo

Alto   54,9 %
Medio   31,1 %
Bajo   14,0 %

Transmitir los objetivos y la visión de la compañía

Alto   54,3 %
Medio   32,0 %
Bajo   13,7 %

Comunicarse con los empleados de tú a tú

Alto   51,2 %
Medio   25,9 %
Bajo   22,9 %

Menos de la mitad otorgaron a sus jefes unos resultados altos en las cinco áreas siguientes:

Saber escuchar comentarios y sugerencias

Alto   49,8 %
Medio   32,1 %
Bajo   18,1 %

Dar buenos discursos y presentaciones

Alto   48,8 %
Medio   39,6 %
Bajo   11,6 %

Tener la capacidad para motivar e inspirar a los demás

Alto   43,3 %
Medio   37,5 %
Bajo   19,2 %

Compartir información empresarial importante con los empleados

Alto   41,0 %
Medio   37,9 %
Bajo   21,1 %

Dirigir y gestionar reuniones empresariales productivas

Alto   40,6 %
Medio   41,0 %
Bajo   18,4 %

Finalmente, preguntamos a los participantes si sabían ver cuándo a su jefe le sucedía algo. La mayoría afirmó que emitían sus juicios sin haber consultado antes con nadie basándose principalmente en las palabras y luego en señales no verbales:

«Por lo general, ¿cómo sabes lo que le sucede a tu jefe?»

52,2 %   Escuchando lo que dice
32,8 %   Observando su cara, su lenguaje corporal y su tono de voz
15,0%   Preguntándoselo a un compañero

Las características que hacen de un jefe un gran líder

Para entender mejor las cualidades que los profesionales valoran en un líder, la encuesta concluía con dos preguntas de respuesta abierta. Al agrupar las respuestas por categorías, identificamos los diez principales aspectos del liderazgo. La cualidad mencionada con más frecuencia resultó ser la de honestidad e integridad. Dado que se trataba de respuestas abiertas, las tratamos como información cualitativa y, por lo tanto, no aportamos los resultados de forma numérica. Cada una de estas áreas fue mencionada por docenas de personas, siendo la integridad (en cualquiera de sus variantes) la más mencionada, concretamente por más de la mitad de los encuestados. A continuación, te ofrecemos el listado de valores de un líder según nuestros 293 encuestados en orden descendente:

Honradez o integridad: Los participantes que mencionaron la integridad hacían referencia tanto a los negocios como a la vida personal. Las palabras empleadas para designar dicho concepto fueron *honradez, integridad, ética, ecuanimidad, franqueza, sinceridad* y *confianza*.

Tener propósitos: Esta área hace referencia a saber qué propósitos se tienen para la empresa y la capacidad de explicarlos y animar a la acción y, a su vez, tener carisma, la habilidad para motivar e inspirar a los demás.

Saber escuchar: Es importante mostrarse accesible y abierto a sugerencias. Los encuestados mencionaron también cualidades como ser amplio de miras, flexible y con voluntad para escuchar las ideas y comentarios de los demás. Quieren líderes que busquen puntos de vista distintos y que sepan escuchar las opiniones ajenas, en particular la de aquellos más estrechamente vinculados a los asuntos principales o al tipo de trabajo.

Dar críticas o *feedback***:** Lo que mencionaron mayormente los encuestados en relación con este punto es la importancia de reconocer méritos si es preciso, incluyendo muestras públicas por el trabajo bien hecho. También mencionaron el dar críticas positivas en caso de que el empleado sea merecedor de estas, así como valorar positivamente su contribución.

Inteligencia emocional: Transmitir empatía y compasión y ser amable con la gente fue altamente valorado. Los participantes mencionaron también el saber relacionarse con las personas en el plano humano con todos los miembros de la empresa. La conducta es importante: tener una actitud positiva y mantener la calma bajo situaciones de presión transmite valiosas señales a la empresa. Asimismo, son fundamentales la pasión manifiesta por el trabajo, el compromiso manifiesto para con el progreso de la empresa y el aprecio por aquellos que lo hacen posible.

Ser comunicativo: Esta área cubre un amplio abanico de cualidades. Generalmente, el líder ideal posee la capacidad para transmitir ideas y para hacerlo de una forma clara y convincente en todos los niveles de la organización.

Conocimiento e inteligencia: Esta área fue mencionada en menos ocasiones, probablemente porque la gente presupone que un buen líder ya ha demostrado *de facto* sus capacidades intelectuales y su dominio en el terreno. Sin embargo, pocos de los encuestados manifestaron que un buen líder debe ser inteligente en todas las acepciones del término, y que debe poseer un vasto conocimiento de su campo.

Aptitudes de gestión: Los encuestados mencionaron la capacidad de delegar y repartir recursos (tanto monetarios como físicos y de personal) para una mayor eficacia y eficiencia. También hablaron sobre la capacidad de empoderar a los empleados y confiarles la realización de tareas, en otras palabras, crear buena disposición en la empresa.

Ser un buen ejemplo: Los verdaderos líderes deben predicar con el ejemplo, pasar a la acción, y que los empleados quieran seguir dicho ejemplo. La gente quiere a líderes que lleven sus proyectos hasta el final, y si estos acaban aparcados, la gente se dará cuenta. Los grandes líderes se implican a fondo en el transcurso de los negocios, no solo a la hora de ponerlos en marcha.

Humildad: Nadie es perfecto, y mucho menos omnisciente. Los verdaderos líderes son humildes, persiguen recabar información, piden consejo y admiten sus errores cuando ocurren. Los verdaderos líderes están dispuestos a correr riesgos, ante los cuales se felicitan si han llegado a buen puerto o saben aceptar con entereza las consecuencias en caso de fracaso sin señalar a nadie con un dedo acusador.

Apéndice E

El discurso de Gettysburg de Abraham Lincoln

Uno de los mejores discursos que se hayan pronunciado en la historia fue también uno de los más breves:

«*Hace ochenta y siete años nuestros padres crearon en este continente una nueva nación, concebida bajo el signo de la libertad y consagrada a la premisa de que todos los hombres nacen iguales.*

»Hoy nos hallamos embarcados en una vasta guerra civil que pone a prueba la capacidad de esta nación, o de cualquier otra así concebida y así dedicada, para subsistir por largo tiempo. Nos hemos reunido en el escenario donde se libró una de las grandes batallas de esta guerra. Vinimos a consagrar parte de este campo de batalla al reposo final de quienes han entregado su vida por la nación. Es plenamente adecuado y justo que así lo hagamos.

»Sin embargo, en un sentido más amplio, no podemos dedicar, no podemos consagrar, no podemos glorificar este suelo. Los valientes hombres que aquí combatieron, vivos y muertos, lo han consagrado muy por encima de nuestro escaso poder de sumar o restar méritos. El mundo apenas advertirá, y no recordará por mucho tiempo lo que aquí se diga, mas no olvidará jamás lo que ellos han hecho. Nos corresponde a los que estamos vivos, en cambio, completar la obra inconclusa que tan noblemente han adelantado aquellos que aquí combatieron. Nos corresponde ocuparnos de la gran tarea que nos aguarda: inspirarnos en estos venerados muertos para aumentar nuestra devoción por la causa a la cual ofrendaron todo su fervor; declarar aquí solemnemente que quienes han perecido no lo han hecho en vano; que esta nación, bajo la guía de Dios, vea renacer la libertad, y que el gobierno del pueblo, por el pueblo y para el pueblo no desaparezca de la faz de la tierra».